Tara Bernado

Ich will es noch mal unanständig!

Anregende Geschichten für heisse Nächte

blue panther books Taschenbuch
Band 2453
1. Auflage: Januar 2021

Vollständige Taschenbuchausgabe
Originalausgabe

Lektorat: A. K. Frank

Cover:
© Kuznechik @ shutterstock.com
Umschlaggestaltung: MT Design
Gesetzt in der Trajan Pro und Adobe Garamond Pro

Printed in Germany
ISBN 978-3-96641-777-8
www.blue-panther-books.de

INHALT

Mit dem Gutschein-Code

TB2TBCEFS

erhalten Sie auf **www.blue-panther-books.de** diese exklusive Zusatzgeschichte als E-Book in den Formaten PDF, E-PUB und Kindle. Registrieren Sie sich einfach online oder schicken Sie uns die beiliegende Postkarte ausgefüllt zurück!

Blümchensex – Versauter, als es klingt

Was für ein Luder! Schon bei unserer ersten Begegnung hatte ich sofort gewusst, wo der Hase langlief. Da konnte sie noch so unschuldig gucken und ihre wilde blonde Mähne in einem züchtigen Pferdeschwanz bändigen, mir konnte sie nichts vormachen, ich habe ein Gespür für so was! Und was sie da jetzt gerade wieder abzog, gab mir bezüglich aller meiner Vermutungen nur recht! Den in eine knalleng sitzende Latzhose gequetschten Arsch hatte sie wie zufällig in meine Richtung gedreht, während sie in meinem Rosenbeet herumwühlte. Obwohl die Sonne sich in der Glasfront zwischen meiner Terrasse und dem Wohnzimmer spiegelte und sie mich eigentlich nicht sehen konnte, wusste sie garantiert ganz genau, dass ich von meinem Lieblingssessel aus gebannt auf ihren Hintern starrte. Genau so eine war sie nämlich – ein durchtriebenes Luder, das auf Unschuldslamm machte. Jetzt richtete sie sich auf und wischte sich mit einer Hand den Schweiß von der Stirn. Dabei huschte ein wissendes Lächeln über ihr Gesicht und schnell rutschte ich tiefer in meinen Sessel, damit sie mich auf keinen Fall sehen konnte. Sie hatte zwar nicht in meine Richtung geschaut, aber ich war mir trotzdem sicher, dass das Lächeln mir gegolten hatte.

Ein schwarzer Streifen, den ihre erdverschmierte Hand hinterlassen hatte, zierte nun ihre Stirn und ich hatte zwar keine Ahnung, wie das sein konnte, aber irgendwie sah sie damit noch sexier aus als vorher.

Verdammt, ich musste mich mal ein bisschen zusammenreißen, aber wie sollte das gehen, wenn so eine Granate in meinem Garten herumlief?

Unweigerlich musste ich an unsere gestrige erste Begegnung denken, bei der ich mich wohl ziemlich blamiert hatte. Pünktlich zur verabredeten Zeit hatte es geklingelt und als ich in Erwartung eines gut ausgerüsteten und fleißigen Arbeitertrupps schwungvoll die Tür geöffnet hatte und stattdessen *sie* da stand, ist mir erst mal die Kinnlade heruntergefallen. Glücklicherweise ist sie einfach darüber hinweggegangen und hat mir lächelnd ihre Hand entgegengestreckt. »Jasmin Wegener von der Gärtnerei Wegener. Guten Tag, Herr Wolfson!«

Ich ergriff zwar ihre Hand, aber dummerweise fehlten mir in diesem Augenblick die Worte. Anstelle der kräftigen Typen, die ich erwartet hatte, stand eine atemberaubende Blondine mit verdammt dicken Titten vor mir. Wenn sie nicht diese Latzhose, bestückt mit einigen Utensilien, die eindeutig zur Gartenarbeit verwendet werden sollten, angehabt hätte, hätte ich es wohl kaum für möglich gehalten, dass diese Göttin gekommen war, um Hand an meinen Garten zu legen.

Sie hatte natürlich sofort gewusst, warum ich sie so blöd anstarrte und weil ich auch drei Sekunden später noch nichts gesagt hatte, ergriff sie einfach wieder das Wort. »Leider ist einer unserer Mitarbeiter krank geworden, deshalb werde ich in den nächsten Tagen allein bei Ihnen tätig sein. Mein Kollege wird dann sicherlich gegen Ende der Woche dazu stoßen. Ich hoffe, es stört Sie nicht, dass Sie erst mal mit mir vorliebnehmen müssen?«

»Äh, nein, äh, natürlich nicht«, brachte ich stotternd hervor. Oh Mann, wie peinlich!

So etwas war mir ja noch nie passiert. Eigentlich stehen die Frauen auf mich und ich habe selten Schwierigkeiten, das zu bekommen, was ich will. Und stottern müssen eigentlich immer die anderen, aber ganz bestimmt nicht ich! Aber ich habe es ja schon gesagt, bei ihr habe ich die Abgebrühtheit gleich gespürt. Und dann diese sexy Latzhose! Das war doch pure Absicht! Sie trug ein eng sitzendes T-Shirt dazu und ihre dicken Titten guckten rechts und links neben dem Latz hervor. Ich konnte meinen Blick kaum davon abwenden, aber ich riss mich los und sah in ihr Gesicht. Das war dann auch nicht viel besser, denn als ich ihren auffälligen Schmollmund bemerkte, konnte ich sofort nur noch an eine Sache denken.

Entschlossen trat ich aus der Tür. »Folgen Sie mir bitte, ich zeige Ihnen den Garten!«

Ich führte sie am Haus vorbei in den Außenbereich, wo sie ganz souverän einen Plan aus der Brusttasche ihrer Latzhose zog, einen kurzen Blick darauf warf und sich dann wieder an mich wandte. »Okay, Herr Wolfson, alles klar. Ich fange dann mal mit den vorbereitenden Arbeiten an. Ich denke, am Mittwoch bin ich dann so weit, dass es mit der Bepflanzung losgehen kann.«

»Äh, ja gut. Klopfen Sie einfach an die Terrassentür, wenn Sie etwas brauchen.« Mit diesen Worten drehte ich mich um und sah zu, dass ich so schnell wie möglich wieder ins Haus kam. Ich hoffte, dass sie die Wölbung in meiner Hose nicht bemerkt hatte, aber sicher war ich mir nicht.

Drinnen angekommen, rannte ich sofort in mein Schlafzimmer, warf mich auf das Bett, öffnete hastig meine Hose und holte meinen Schwanz raus. Ich wichste einmal rauf und runter und schon schoss das Sperma in einer unglaublichen Ladung hervor. Keuchend versuchte ich mir noch vorzustellen, wie ich ihr meinen dicken, spritzenden Schwanz in ihren willig geöffneten Mund schob, aber eigentlich war schon alles vorbei, bevor ich das Bild richtig vor Augen hatte.

***

Das sollte mir heute nicht passieren, deshalb hatte ich es ganz ruhig angehen lassen. Von meinem Lieblingssessel aus beobachtete ich sie schon seit mehr als einer Stunde. Mein Schwanz lag prall und dick in meiner Hand und obwohl die Eichel schon nass glänzte, hatte ich es geschafft, bis jetzt noch nicht abzuspritzen. Ich ließ meiner Fantasie freien Lauf. Je nachdem, was das geile Luder gerade tat, nahm ich sie mir in meinen Gedanken vor. Wenn sie ihr Gesicht in meine Richtung drehte, hatte sie sofort meinen Schwanz im Mund, wenn sie auf allen vieren krabbelte, um irgendetwas in einem der Blumenbeete zu machen, fickte ich sie von hinten in ihre geile Pussy, die in meiner Fantasie natürlich rosig, nass und weit geöffnet war. Und wenn sie sich, wie jetzt gerade, bückte und mir ihren Hintern entgegenstreckte, führte ich meine harte Latte direkt in ihren Arsch ein. Und bei all dem war ich mir irgendwie ganz sicher, dass sie die ganze Zeit über genau wusste, was ich tat, und sie da draußen mit voller Absicht diese geile Gärtnerinnennummer abzog.

Sie in den Arsch zu ficken, war einfach fantastisch und ich spürte, wie der Drang, endlich abzuspritzen, übermächtig wurde. Mein Schwanz lag knüppelhart zwischen meinen Fingern und die Szenerie vor meinem geistigen Auge war einfach nur megageil, also gab ich dem Drang nach. Es genügte, nur noch ein-, zweimal zu reiben, und es ging los. Ja, das war so geil, ich spritzte in ihren prallen Arsch und sie stöhnte laut und triebhaft vor Lust und konnte nicht genug bekommen!

Aus dem Augenwinkel nahm ich plötzlich eine Bewegung wahr. Scheiße! Sie stand direkt vor meiner Terrassentür und jetzt hörte ich auch das Klopfen gegen die Scheibe. »Herr Wolfson, sind Sie da?«

Scheiße, scheiße! So schnell es ging, bedeckte ich meinen Schwanz mit den Händen, drehte mich ein wenig zur Seite und stellte mich schlafend. Durch die einen spaltbreit geöffneten Augen sah ich, wie sie ihr Gesicht jetzt ganz nah an die Scheibe hielt, um etwas sehen zu können. »Herr Wolfson, hallo?«

Unauffällig versuchte ich, mein T-Shirt über meinen Schwanz zu ziehen, dann bewegte ich mich etwas, so als würde ich gerade aufwachen. »Einen Moment, Frau Wegener, ich komme.«

Sie trat einen Schritt von der Scheibe zurück und wartete. Schnell stand ich auf, packte meinen Schwanz ein und wischte mit einem Papiertaschentuch notdürftig die verräterischen Spuren etwas ab. Dann ging ich zur Terrassentür und öffnete sie.

Sie lächelte mich an. »Ich bin fertig für heute. Morgen bringe ich schon mal ein paar Pflanzen mit. Ist es irgendwie wichtig für Sie, welches Beet als erstes bepflanzt wird? Lieber zuerst die Ecke mit den Blümchen oder besser die Büsche zuerst?«

Hatte sie wirklich *Blümchen* gesagt? Und dieser Unschuldsblick dazu! *Jetzt bloß nicht die Fassung verlieren*, schoss es mir durch den Kopf, schließlich hätte sie mich fast in einer äußerst heiklen Situation erwischt.

»Äh, nein, das ist mir egal. Das können Sie so machen, wie Sie wollen.« Verdammt, hoffentlich hatte sie nichts gesehen.

»Okay, dann weiß ich Bescheid. Bis morgen also.« Sie sah mir direkt in die Augen. »Sie haben da übrigens was an Ihrer Hose.« Dann drehte sie sich um und ging mit wackelndem Arsch davon.

Ich blickte an mir hinab. Sowohl das T-Shirt als auch die Hose waren mit weißlichen Flecken besudelt. Selbst eine Nonne hätte geschnallt, was hier gerade abgegangen war. Und was hatte meine geile Gärtnerin gemacht? Sie hatte es kommentiert und war dann einfach gegangen! Sie wusste, was ich hinter der Glasscheibe trieb und es gefiel ihr, davon war ich jetzt überzeugt. Langsam gewann ich wieder an Selbstvertrauen. Sie war genau das versaute Luder, für das ich sie von Anfang an gehalten hatte!

***

Am nächsten Morgen war sie früh da. Laut Wettervorhersage würde es heute ziemlich heiß werden und sie trug nur ein knappsitzendes Top unter ihrer Latzhose. Sie hatte jede Menge von den kleinen *Blümchen*, die ich bestellt hatte, mitgebracht, und dass sie beim Einpflanzen fast die ganze Zeit auf allen vieren herumkrabbelte, konnte ja wohl kein Zufall sein. Ich saß wieder in meinem Sessel und hatte mein dickes Rohr in der Hand. Dieses Mal würde ich mich nicht von ihr erwischen lassen, das hatte ich mir fest vorgenommen. Trotzdem hatte ich vor, heute mehr als einmal abzuspritzen, denn ich ging davon aus, dass möglicherweise bereits morgen ihr für Ende der Woche angekündigter Kollege ebenfalls hier auftauchen könnte.

Heute würde ich es ihr mehrmals richtig hart besorgen, schließlich brauchte sie es genauso dringend wie ich. Mein Schwanz gierte nach ihren Löchern und er sollte sie alle noch einmal bekommen. Ich rutschte etwas tiefer in den Sessel und stellte mir gerade vor, wie sie vor mir auf dem Parkett kniete und ihren Mund öffnete, als ich sie auf das Haus zukommen sah. So schnell es ging, packte ich meine harte Latte in die Hose und stand auf.

Schon hörte ich das Klopfen an der Terrassentür. »Herr Wolfson?«

»Ja, einen Moment, bitte.« Ich schlenderte Richtung Glastür und hoffte inständig, dass das Rohr in meiner Hose auf dem kurzen Weg noch etwas abschwellen würde.

Ich öffnete die Tür. »Ja, Frau Wegener?«

»Gut, dass Sie da sind, Herr Wolfson, ich habe ein kleines Problem. Ich habe mein Wasser zu Hause vergessen und es ist wirklich heiß heute. Könnte ich wohl etwas zu trinken bekommen?«

Selbstverständlich konnte sie das! Ich bat sie herein und zusammen gingen wir in die Küche. Meine Hand zitterte etwas, als ich ein großes Glas mit Wasser füllte. Meine Güte, was war nur los mit mir? Als ich mich mit dem Glas in der Hand wieder zu ihr umdrehte, hatte sie die Träger ihrer Latzhose nach unten geschoben. Jetzt konnte ich sehen, dass ihr Top bauchfrei war und dass ein Piercing in Form eines kleinen Teufelchens ihren Bauchnabel zierte. Sie nahm das Glas entgegen und trank einen Schluck. »Puh, es ist wirklich unglaublich heiß heute. Danke für das Wasser!«

Täuschte ich mich oder trug sie etwa keinen BH? Die Nippel ihrer unglaublich dicken Titten waren jedenfalls deutlich durch den dünnen Stoff des Tops zu sehen.

Okay, bevor ich mich weiterhin in ihrer Gegenwart wie ein Trottel benahm, musste ich meine Taktik ändern. Ich beschloss, zum Angriff überzugehen. »Also, Frau Wegener, äh, jetzt kennen wir uns ja schon ein paar Tage und wir stehen hier ja auch ganz einträchtig gemeinsam in meiner Küche. Äh, was halten Sie denn davon, wenn wir zum *Du* übergehen? Also ich bin der Jan!« Ich war heilfroh, die Sätze fehlerfrei herausbekommen zu haben, und hielt ihr direkt meine Hand entgegen, die sie auch sofort ergriff. »Das weiß ich doch, Jan, klar, von mir aus gern. Dass ich Jasmin heiße, weißt du ja auch schon.« Sie grinste mich an und irgendwie hatte sie es wieder geschafft, dass ich wie ein Trottel dastand. Aber ernsthaft, wie sollte ich einen klaren Gedanken fassen, wenn da eine richtig heiße Blondine im bauchfreien Top vor mir stand, auf deren geilem Schmollmund auch noch ein kleiner Wassertropfen schimmerte?

Jetzt sah sie mir direkt in die Augen. »Ich mach‘ mir ein bisschen Sorgen um deine Hose. Gestern diese komischen Flecken darauf und heute eine ganz dicke Beule.« Sie sagte es im gleichen Tonfall, in dem sie mich vorhin nach dem Wasser gefragt hatte. Mir fiel einfach keine vernünftige Antwort ein, also schaute ich nur langsam nach unten, um mir einen Überblick zu verschaffen. Scheiße! Meine Latte stand knallhart nach oben und die Spitze meiner Eichel guckte ein ganz kleines Stück oben aus der Hose heraus. Hastig versuchte ich mein T-Shirt darüber zu ziehen, doch sie war schneller. Ihre Hand umfasste mein Rohr. »Na, was ist das denn? Warum läufst du denn hier mit einer dicken Latte herum?« Bevor ich irgendetwas sagen konnte, sprach sie weiter. »Kann es vielleicht sein, dass du mich durch die Glasscheibe beobachtet hast? Und dass es dir gefallen hat, mich auf allen vieren zu sehen? Und dass du dir deinen dicken Schwanz gerieben hast, während ich dir meinen geilen Arsch präsentiert habe?«

Oh Mann, sie hatte es tatsächlich die ganze Zeit gewusst! Und sie hatte trotzdem weitergemacht. Sie war ein geiles, versautes Biest und ich hatte keinen Zweifel daran, was sie jetzt brauchte! Langsam schob ich ihre Hand weg. »Nicht so schnell, Süße, ich bin schon ziemlich geladen.«

Statt zu antworten trat sie einen Schritt zurück und zog sich mit einer langsamen, lasziven Geste das Top über den Kopf. Sie trug wirklich keinen BH und der Anblick ihrer runden, dicken Titten mit den harten Nippeln, die jetzt frei über der heruntergeklappten Latzhose baumelten, ließ mich vor Geilheit aufstöhnen. Sie nahm meine Hand, zog mich näher zu sich und legte sie auf eine ihrer nackten Brüste. Ich griff sofort zu und nahm auch gleich meine zweite Hand zu Hilfe. Es fühlte sich unfassbar geil an, ihre dicken, prallen Titten zu kneten. So traumhafte Dinger hatte ich wirklich noch nie in den Händen gehabt! Ihre Lippen berührten meine und während sie mir ihre Zunge in den Mund schob, öffnete sie mit geschickten Fingern meine Hose. Ihre Hand glitt tief hinein und schon umfasste sie meine Eier und begann, sie sanft zu drücken. »Oh, die sind ja randvoll«, wisperte sie mit versauter Stimme, »das tut doch bestimmt schon weh. Wie wär's, wenn du geiler Bock mir mal den Sessel zeigst, von dem aus du mich die ganze Zeit beobachtet hast? Dann kümmere ich mich mal ein bisschen darum.«

Es fiel mir zwar schwer, meine Hände von diesen Prachttitten zu lösen, aber die Aussicht auf neue Sauereien machte natürlich alles wett. Ich bugsierte meine geile Gärtnerin ins Wohnzimmer, zog meine Klamotten aus und ließ mich in meinen Sessel fallen. Sie kniete sich sofort davor.

Hatte ich nicht gerade noch von so einer geilen Situation geträumt? Und jetzt lag dieses scharfe Luder leibhaftig vor mir auf den Knien und hatte eindeutig vor, mir den Schwanz zu lutschen!

In dem Moment, als mein Rohr zwischen ihren prallen Lippen verschwand, wusste ich, dass kein Traum je an diese Realität herangekommen wäre. Warm, weich und gleichzeitig fest umschloss sie mit ihrem Schmollmund meinen harten Prengel und ließ ihn gleich mal so tief hineingleiten, wie es ihr möglich war. Stöhnend griff ich nach ihren Haaren und hielt sie fest, mein Schwanz tief in ihrem Mund. Wenn sie sich jetzt auch nur einen Millimeter bewegt hätte, wäre meine ganze Ladung unweigerlich in ihrem Rachen gelandet. Aber sie schien genau zu wissen, was los war, und hielt ganz still, bis ich den Griff wieder etwas lockerte. Dann hob sie den Kopf und ließ meinen Schwanz langsam wieder aus ihrem Mund gleiten. »Na, da hat sich ja einer kaum noch unter Kontrolle. Ich frage mich wirklich, wie lange du schon wichsend im Sessel gesessen hast, während ich mich bemüht habe, deinen Garten zu verschönern.«

»Äh, ja, war wohl schon eine ganze Weile…« Verdammt, ihre strenge Art machte mich nur noch geiler.

»Na dann ist es wohl das Beste, wenn ich jetzt erstmal für eine Entladung sorge, vielleicht können wir ja dann anschließend mal richtig ficken!«

Allein die Aussicht auf *richtig ficken* sorgte dafür, dass sich ein Tropfen Sperma auf meiner Eichel zeigte. Sie streckte ihre Zunge heraus, leckte ihn genussvoll ab und schob sich meinen Schwanz wieder in den Mund. Viel musste sie nicht machen, sie ließ ihn zweimal auf und ab gleiten und dann begann sie, auf eine unglaublich versaute Art, kräftig zu saugen. Das Sperma schoss nur so aus mir heraus. Ein Schub folgte auf den nächsten und ich sah nicht einen Tropfen, der ihren Mund wieder verließ. Es war so geil, dass ich am liebsten ewig weitergespritzt hätte, aber als es dann vorbei war, sank ich im Sessel geradezu zusammen. »Oh Jasmin, was machst du mit mir? Du siehst aus wie ein Engel, aber ich glaube, du bist der Teufel in Person«, stöhnte ich mit letzter Kraft.

»Das sagt ja der Richtige!« Sie sah mich lüstern von unten an. »Den ganzen Tag im Sessel sitzen und davon träumen, die Gärtnerin mal so richtig durchzuficken, und dann alles auf das unschuldige Mädchen schieben!«

Sie stand auf und sah mich jetzt von oben an. »Weißt du was? Ich gehe noch mal eben in den Garten und mache das eine Beet fertig. Wir haben ja noch mehr vor heute, also lass' schön die Hände weg von deinem Schwanz, bis ich wieder da bin!« Sie zog sich die Träger der Latzhose wieder über die Schultern, jedoch ohne vorher ihr Top anzuziehen. Es war einfach unglaublich! Jetzt lugte ein Großteil ihrer nackten Titten einschließlich ihrer Nippel rechts und links neben dem Latz hervor! Bevor ich das irgendwie kommentieren konnte, drehte sie sich um und verschwand durch die Terrassentür in den Garten.

Ich holte mir etwas zu trinken und setzte mich dann wieder in meinen Sessel. Tatsächlich wühlte sie schon wieder auf allen vieren in den Beeten herum, nur dass ich jetzt auch noch ständig ihre baumelnden, nackten Titten zu sehen bekam. Das, und zu wissen, dass sie gleich wieder ins Haus kommen würde, um mit mir zu ficken, wirkte ziemlich belebend auf meinen Schwanz. Nach einer Viertelstunde lag er schon wieder schön prall in meiner Hand und ich stand auf und stellte mich nackt vor die Terrassentür. Jasmin blickte auf und ein kleines Lächeln huschte über ihr Gesicht. Sie legte ihre Utensilien zur Seite, zog ihre Arbeitshandschuhe aus und kam zum Haus zurück. »Und, zeigst du mir jetzt mal dein Schlafzimmer?« Diese direkte Art war einfach unglaublich geil.

»Ja klar, hier entlang.« Mein halbsteifer Schwanz schlug beim Laufen gegen meine Beine und ich hatte das Gefühl, dass es ihr gefiel. Im Schlafzimmer angekommen, warf ich mich sofort auf mein großes Bett. Jasmin blieb davor stehen, zog Schuhe, Latzhose, Top und einen verdammt heißen, roten Ministring aus. Dann stellte sie ein Bein auf dem Bett ab, schob ihr Becken nach vorn und präsentierte mir völlig ungehemmt ihre blankrasierte Pussy. »Wie sieht's aus? Hast du Lust, die ein bisschen zu gießen?«

Und ob ich die hatte! »Allerdings, du kleine Sau«, setzte ich an, aber bevor ich irgendwie die Initiative ergreifen konnte, war sie schon auf dem Bett und setzte sich breitbeinig über meinen Schwanz. Mit einer Hand umfasste sie den Schaft und dann führte sie das harte Ding direkt in ihr flutschiges Loch ein. Unfassbar, wie nass sie war! Und gleichzeitig so eng, dass ich einen unglaublichen Druck auf meinem Schwanz verspürte. Geschickt bewegte sie ihr Becken vor und zurück und drückte sich so meinen harten Schwanz immer tiefer rein. Dabei stöhnte sie laut und lustvoll und schien jeden Zentimeter des dicken Prengels zu genießen. Immer schneller wurden ihre Bewegungen und jedes Mal, wenn sie den Schwanz bis zum Ansatz aufnahm, rieb sie mit ihrer offenen Pussy an meinem flachen Bauch entlang, was ihr ein noch lauteres Stöhnen entlockte. Irgendwie hatte ich das Gefühl, dass hier meine sexuelle Selbstbestimmung gerade überhaupt keine Rolle spielte, aber es war mir vollkommen egal. So zügellos war ich noch nie gefickt worden, und dass dabei auch noch zwei unglaublich dicke, geile Titten die ganze Zeit vor meinem Gesicht herumhüpften, war eindeutig nicht mehr zu toppen. Dann schloss sie plötzlich die Augen, warf den Kopf nach hinten und presste ihre Pussy, so hart es ging, gegen mich. »Ja, ja, geil, mir kommt's!«

Ich konnte das Zucken ihres Orgasmus' an meinem Schwanz spüren und dass ich nicht auf der Stelle selbst abspritzen musste, war wohl einzig und allein der Tatsache geschuldet, dass sie mich vorhin bereits einmal so überaus gründlich ausgelutscht hatte.

Als es vorbei war, saß sie für einen Moment ganz still. Dann öffnete sie die Augen wieder und glitt von mir herunter. »Ich will, dass du in meinem Arsch abspritzt. Davon hast du doch garantiert die ganze Zeit in deinem Sessel schon geträumt, oder?«

Oh Mann, diesem Luder konnte man wirklich nichts vormachen, die wusste genau Bescheid! Sie stand schon auf allen vieren, bevor ich überhaupt aus meiner liegenden Position hochgekommen war. Aber als ich dann hinter ihr kniete und sie mir ihren Arsch wollüstig entgegenstreckte, zögerte ich nicht eine Sekunde. Ich setzte meine Eichel bei ihr an, und ehrlich gesagt, es erstaunte mich kein bisschen, dass ich ihr meinen dicken Schwanz mühelos in den Arsch schieben konnte. Es war eng, aber ich spürte keinen nennenswerten Widerstand und sie begleitete jeden Zentimeter, den ich tiefer in sie eindrang, wieder mit diesem geilen Stöhnen. Die ersten Stöße führte ich noch vorsichtig aus, aber es war schnell klar, dass das weder nötig noch von ihr gewollt war. Innerhalb kürzester Zeit fickte ich so schnell und hart, wie ich konnte, und ihr lustvolles Gestöhne dazu machte mich fast wahnsinnig. So hatte sich noch keine Frau von mir ficken lassen und als mein Sperma mit unglaublicher Intensität aus mir herausschoss, schrie ich laut auf und konnte erst wieder aufhören, als auch der letzte Tropfen in ihrem geilen Arsch gelandet war.

Erschöpft zog ich mich zurück und wir sanken nebeneinander auf das Bett.

Sie lächelte mich an. »Siehst du, das war doch viel besser als Spannen und Wichsen.«

»Allerdings, ich konnte aber doch nicht ahnen, dass in meiner Gärtnerin so ein versautes Biest steckt!«

Wir lagen noch ein paar Minuten nebeneinander, dann stand sie auf. »So, ich gehe jetzt, ich habe Feierabend.« Sie schnappte sich ihre Klamotten und begann, sich anzuziehen. Viel zu melden hatte ich wirklich nicht, stellte ich zum wiederholten Mal fest.

»Dann freue ich mich schon auf morgen, es ist ja noch einiges in meinem Garten zu tun«, versuchte ich, ein Gespräch anzufangen und sie noch ein bisschen in meinem Schlafzimmer zu halten.

Sie grinste mich an. »Ab morgen bin ich bei einem anderen Kunden eingesetzt. Unser Mitarbeiter ist wieder gesund und wird hier bei dir weitermachen. Ist ein hübscher Junge, vielleicht gefällt er dir ja auch.« Und schon hatte sie sich umgedreht und mein Schlafzimmer verlassen.

Ich konnte ihr gerade noch ein *»War geil mit dir!«* hinterherrufen und dann war Jasmin Wegener aus meinem Leben verschwunden.

Mit dem Loverboy in Amsterdam

Im ersten Moment wusste ich nicht genau, was mich an diesem Morgen geweckt hatte. War es das helle Sonnenlicht, das in das Hotelzimmer schien, oder war es doch meine Freundin, die sich bemühte, möglichst leise ins Bad zu kommen? Egal, zum Glück war ich jetzt wach, und aus noch halb geschlossenen Augen nahm ich ihren vorbeihuschenden, nackten Körper wahr.

Schlagartig war jede Müdigkeit verflogen und wurde übergangslos durch Geilheit ersetzt. Gab es eine schönere Art, geweckt zu werden? Natürlich gab es die, aber ich wollte mich nicht wirklich beschweren, denn ich wusste genau, dass der Tag nach dieser ersten, noch viele weitere schöne Überraschungen für mich parat haben würde. Das hier war jedenfalls schon mal ein ziemlich guter Start und ich spürte, wie mir das Blut in den Schwanz schoss und sich meine Lebensgeister regten. Eine Minute später hörte ich das Rauschen der Dusche und im nächsten Augenblick öffnete sich die Tür zum Bad auch schon wieder und Rebecca erschien. Nackt, provozierend lächelnd und in verführerischer Pose stand sie im Türrahmen. Und glaubt mir, das hat sie wie keine Zweite drauf. Ein Blick auf die Bettdecke genügte ihr, um zu wissen, was los war. »Wenn du eh schon wach bist, mein Süßer, dann komm doch mit unter die Dusche! Dann kann ich mich um deinen Schwanz kümmern und du musst nicht heimlich unter den Laken rummachen!« Ihre Augen ruhten auf meiner harten Latte, die sich unter der dünnen Bettdecke abzeichnete, und ganz eindeutig nach Beschäftigung verlangte.

Genau so versaut mochte ich Rebecca am liebsten und so ein geiles Angebot ließ ich mir natürlich nicht entgehen. Sie hatte sich schon wieder umgedreht und während ich noch bewundernd ihrem sexy Arsch hinterher starrte, der geil wackelnd wieder im Bad verschwand, schwang ich mich voller Tatendrang aus dem Bett. Mein steifer Schwanz wies mir ganz eindeutig die Richtung ins Paradies und selbstverständlich folgte ich seiner Anweisung.

Rebeccas Triebhaftigkeit und ihre vollkommen tabu- und schamlose Art, mit der sie ihre Sexualität offensiv auslebte, waren einfach unwiderstehlich. Von Anfang an hatte sie mich damit komplett um jeden einzelnen ihrer Finger gewickelt und in ihren Bann gezogen. Tja, was soll ich sagen, ich fürchte, ich bin ihr hoffnungslos verfallen und sie ist sich dieser Sache mehr als bewusst.

Als ich das Bad betrat, stand sie schon unter dem warmen Duschstrahl und hatte mir ihr geiles Hinterteil zugewandt. Meiner knallharten Latte konnte sie sich sicher sein, dafür musste sie sich nicht umdrehen. Ich blieb stehen und für ein paar Sekunden gönnte ich mir einfach den verführerischen Anblick ihres nackten Körpers und bewunderte die grandiosen Rundungen, an denen das Wasser verlockend herablief. Dann trat ich zu ihr unter die Dusche. Mein hartes Rohr berührte ihren geilen Arsch und sofort drückte sie ihn in meine Richtung. Ich liebe wohlgeformte Ärsche und Rebecca war nun wirklich mit einem Prachtexemplar ausgestattet, das mich immer wieder aufs Neue um den Verstand brachte. Meine Latte lag jetzt zwischen ihren Arschbacken und sie schob sich mir mit sanftem Hüftschwung auffordernd weiter entgegen, während sie sich gleichzeitig mit den Händen an der gegenüberliegenden Wand abstützte. Das Wasser lief über ihren Rücken, sie hatte die Beine weit auseinandergestellt und sie bot mir den freien Ausblick auf ihre Pussy an. Sie wollte gefickt werden, ohne langes Vorgeplänkel einfach nur schnell in den Genuss meines harten Riemens kommen, dafür kannte ich sie.

Da war sie bei mir genau an der richtigen Adresse und ohne weitere Umschweife brachte ich meinen Schwanz in Position und drückte ihn gegen ihren glatt rasierten, weichen Spalt. Obwohl jeder Zentimeter ihres Körpers sowieso nass war, spürte ich doch eindeutig die ganz andere, warme Nässe am Eingang ihrer Pussy. Das war typisch Rebecca, ganz egal wann und wie ich sie anfasste, wenn ich auch nur in die Nähe ihrer unvergleichlichen Möse kam, war sie nicht nur ein bisschen feucht, sondern immer sofort klatschnass. Ein einziger verlockender Traum erwartete mich dann jedes Mal, und wie auf Knopfdruck wurde mein Verstand ausgeschaltet und ich verwandelte mich in ihren willenlosen Toyboy.

Ich schob meinen Schwanz in ihre warme, verführerische Nässe, drückte ihn Stück für Stück immer tiefer in sie hinein und stoppte erst, als ich ihn ganz in ihr versenkt hatte. Dann zog ich ihn langsam wieder heraus, nur um sie beim erneuten Eindringen in ihre verlockende Enge umso intensiver zu spüren. Der Anblick, der sich mir bot, und die extrem langsamen Bewegungen machten mich noch eine Spur geiler, als ich sowieso schon war, und am liebsten hätte ich ihr mein Sperma direkt in ihre versaute Pussy gespritzt. Die enorme Geilheit, die immer heftiger in mir hochstieg, war nur schwer zu bändigen, und ich musste wirklich alle Beherrschung aufbringen, damit unser schöner Fick nicht innerhalb von Sekunden vorbei war, denn das hätte sie mir definitiv übelgenommen. Doch als sich ihre Möse dann plötzlich wie ein Schraubstock um meinen Schwanz legte, gab es für mich nur noch die Möglichkeit, das Tempo deutlich zu verschärfen. Hätte ich mich weiter so langsam in dieser jetzt extrem engen Möse bewegt, wäre es mir sofort gekommen. Das war nämlich auch so ein Rebecca-Ding, sie war jederzeit in der Lage, durch das Spiel ihrer Muskeln den Druck auf meinen Schwanz ins Unermessliche zu steigern oder einfach nur ganz locker zu lassen. Gleichzeitig hatte sie das perfekte Feeling dafür, wie sie ihre Fähigkeiten einsetzen musste, um ein vorzeitiges Abspritzen zu verhindern, und trotzdem die Lust und die Geilheit bei uns beiden weiter zu steigern.

Während ich sie nun immer schneller und härter von hinten zu ficken begann, steigerte sie den Druck auf meinen Schwanz noch ein bisschen. Für sie selbst schien es sich auch ziemlich geil anzufühlen, denn ihr Stöhnen ging in ein paar eindeutige Aufforderungen über. »Ja, fick mich, mein geiler Loverboy! Besorg's mir mit deinem dicken Schwanz! Gib's mir, stoß zu!«, keuchte sie und spornte mich immer noch weiter an. Sie wusste ganz genau, welche Knöpfe sie zu drücken hatte, wenn sie richtig durchgefickt werden wollte. Ich verstärkte den Griff meiner Hände an ihren Hüften und tat ihr den Gefallen, indem ich sie mit noch härteren Stößen beglückte. Dass das nicht wirklich die Lösung war, um mein Abspritzen lange hinauszuzögern, war natürlich klar, aber wenn ich sie vorher noch richtig durchvögeln würde, würde sie mir das verzeihen. Während das Wasser an unseren Körpern herabrann und sich unser Keuchen mit dem lauten Aufeinanderklatschen unserer Körper vermischte, spürte ich, wie ich die Kontrolle über meinen Schwanz verlor. Auch Rebecca fühlte, was los war, und fordernd presste sie sich noch heftiger gegen meinen Prengel. Mein Atem stockte, mein Herz pochte wie wild und im nächsten Moment spritzte ich den ersten Spermastrahl in ihre heiße Pussy. Jetzt übertönte mein Stöhnen alle anderen Geräusche im Bad und mit jedem weiteren Zucken meines Schwanzes wurde ich noch lauter. Ein unglaublich erleichterndes Gefühl der Befriedigung legte sich über meinen Körper und meinen Schwanz, und als er kurz darauf zusehends abschlaffte und aus ihr glitt, drehte Rebecca sich sofort zu mir um. Mit kundiger Hand griff sie nach der noch halbsteifen Latte und rieb sanft noch ein wenig auf und ab. Dabei fixierte sie mich mit ihrem unnachahmlich lasziven Blick und flüsterte in mein Ohr: »Ich steh' darauf, dass mir dein Schwanz jederzeit zur Verfügung steht! Genau so habe ich es gerade ganz dringend gebraucht. Das gefällt dir doch auch, oder?« Und während sie den Satz noch nicht ganz beendet hatte, wurde ihr Griff um meinen Schwanz deutlich härter und sie entlockte mir ein weiteres Stöhnen. »Sag es mir!«, schob sie noch lüstern hinterher.

»Ja, du bist die Beste! Ich hab noch keine Geilere gefickt und mir hat es noch keine besser besorgt«, entgegnete ich ihr nur allzu willig. Und damit sprach ich die volle Wahrheit aus. Rebecca war eine Göttin im Bett und von Anfang an die reinste Offenbarung für mich gewesen. Ich hatte mich immer für locker gehalten, was Sex anging, aber gegenüber Rebecca war ich der reinste Waisenknabe. Sie hatte mir von Beginn an eine komplett neue Sexwelt eröffnet, die ich mit Begeisterung betreten hatte und in der ich noch nicht einen einzigen Schritt bereut hatte. Ich lernte immer weiter hinzu und näherte mich so mehr und mehr ihrem Niveau an.

***

Als ich Rebecca vor einem Jahr kennengelernt hatte, war sie fünfunddreißig und somit neun Jahre älter als ich. Bevor ich sie getroffen hatte, wäre ein so großer Altersunterschied für mich ein absolutes No-Go für eine Beziehung gewesen, geradezu undenkbar. Ficken ja, das wäre möglich gewesen, aber mehr definitiv nicht. Na ja, sie hatte mich verdammt schnell eines Besseren belehrt und heute feierten wir unser einjähriges Zusammensein. Und ich kann euch sagen, ich habe bisher jeden einzelnen Tag mit ihr genossen. Mit ihr zusammen gab es einfach nie Langeweile, sie sprudelte über vor lauter unbändiger Energie und verrückter Einfälle und riss mich mit ihrer unwiderstehlichen Art immer voll mit.

Auch heute an unserem Jahrestag hatten wir vor, es richtig krachen zu lassen. Ich hatte ihr die Wahl der Stadt überlassen, in der wir uns austoben wollten. Bei so was war sie voll in ihrem Element und schon nach kurzer Zeit hatte sie mir ganz begeistert erzählt, dass es nach Amsterdam gehen würde. Gestern Abend hatten wir dann in einem zentral gelegenen, hippen Hotel in der Nähe des Rotlichtviertels eingecheckt. Mit keinem Wort hatte sie erwähnt, was sie für unseren heutigen Jahrestag geplant hatte, nur eines war für mich glasklar, es würde garantiert wild werden, darauf konnte man sich bei ihr immer verlassen. Natürlich hatte ich in den letzten Tagen immer wieder nachgehakt, um ihr ein wenig von ihren Plänen zu entlocken, aber da hatte ich bei ihr auf Granit gebissen. Die einzige Info, die ich ihr nach unserer Ankunft entlocken konnte, hatte mich auch nicht sonderlich weitergebracht.

»Warte es ab, mein Süßer! Ich bin ja nicht das erste Mal in Amsterdam und ich habe ein paar Leute, die ich von früher kenne, angerufen und dabei einen Volltreffer gelandet. Morgen wirst du Piet kennenlernen, er hat uns zu einer ganz besonderen Party am Abend eingeladen. Du kannst dich darauf verlassen, das ist die perfekte Veranstaltung für ein verliebt-versautes Pärchen wie uns, da bin ich mir ganz sicher!«

Sie hatte mich lüstern angelächelt, ihre Arme um meinen Hals gelegt, mir tief in die Augen gesehen und mich unwiderstehlich geil geküsst. »Und jetzt«, hatte sie mir dann mit verruchter Stimme ins Ohr geflüstert, »stürzen wir uns noch ins Nachtleben, schließlich wollen wir doch in unseren morgigen Jahrestag reinfeiern, oder?« Eine Antwort hatte sie gar nicht erst abgewartet, sondern direkt an meine Hose gegriffen, wo mein vom geilen Küssen angeschwollener Schwanz für eine dicke Wölbung gesorgt hatte, die sie garantiert nicht gerade erst bemerkt hatte. »Oder vielleicht doch nicht jetzt sofort? Ich denke, das Nachtleben kann ruhig noch ein bisschen auf uns warten, findest du nicht auch?« Und wieder hatte sie keine Antwort von mir abgewartet, sondern sich langsam auf die Knie sinken lassen, meine Hose geöffnet und für einen unvergesslichen Einstieg in unser Liebeswochenende gesorgt.

Als sie mit mir fertig war – und das hatte wie immer nicht besonders lange gedauert – hatte sie mir keine Verschnaufpause gegönnt, sondern mich lachend aus dem Hotelzimmer hinein ins Nachtleben von Amsterdam gezogen. Es hatte sich gleich gezeigt, dass sie nicht das erste Mal in dieser Stadt unterwegs war. Sie lotste mich durch verschiedene Bars und Kneipen, die teilweise ganz versteckt lagen und nur von Einheimischen besucht wurden, und während wir tranken, flirteten und knutschten, flog die Zeit nur so dahin. Schließlich ließen wir den Abend in unserer Hotelbar mit einem gut gemixten Drink ausklingen. Als ich gegen zwei Uhr ziemlich abgekämpft und total befriedigt ins Bett fiel, hatte ich schon so eine Ahnung, dass der folgende Tag noch einmal alles toppen würde.

***

Mit unserer kleinen morgendlichen Einlage unter der Dusche hatte Rebecca mir schon mal einen megageilen Einstieg in unseren Jahrestag beschert. Als sie nach einem ausgiebigen Frühstück vorschlug, ein bisschen shoppen zu gehen, war ich natürlich sofort einverstanden. Wie ich Rebecca kannte, würde sie nach einem heißen Fummel für heute Abend Ausschau halten und dagegen hatte ich selbstverständlich nichts einzuwenden. Wir durchstreiften einige Boutiquen und Dessousläden und schließlich schien sie das Richtige für sich gefunden zu haben. Mit einem begeisterten Lächeln im Gesicht winkte sie mich in die Umkleidekabine und präsentierte mir ein Outfit, was eigentlich nur aus winzigen Stoffstückchen bestand, die so gerade ihre intimsten Stellen bedeckten, und die irgendwie von ziemlich dünnen Fäden zusammengehalten wurden. Einen Slip konnte man da drunter definitiv nicht tragen. Okay, alles klar, wenn das das passende Outfit für heute Abend war, würde es mehr als heiß werden. Ich konnte mir ein Lächeln der Vorfreude nicht verkneifen. »Na, da brauche ich ja nun wirklich nicht weiter nachzuhaken, unter welchem Motto die Party heute Abend steht! Damit hast du dich entlarvt, du geiles Biest«, eröffnete ich ihr augenzwinkernd.

»Abwarten«, antwortete sie nur, und dann zog sie mich näher zu sich und gleichzeitig mit einer Hand den Vorhang der Umkleidekabine ganz zu. »Ich habe schon wieder Lust auf dich, mein Loverboy. Ich glaube, daran ist dieser heiße Fummel schuld«, flüsterte sie verschwörerisch. »Schau mal, wie nass ich schon wieder bin!« Und schon hatte sie sich zwei Finger erst in ihre Möse und dann in meinen Mund geschoben. Sie hatte es einfach drauf, mich heißzumachen. Genüsslich leckte ich ihren geilen Saft ab und war sofort startklar für Sauereien jeder Art. Gerade wollte ich meine Hose öffnen, da funkte die Verkäuferin auf der anderen Seite des Vorhangs dazwischen, die sich zu Wort meldete und Rebecca höflich fragte, ob sie ihr noch weitere sexy Outfits bringen sollte. Mist, das würde hier wohl nichts werden! Rebecca erklärte, dass sie gefunden hätte, was sie suchte und als die Verkäuferin ein Gespräch mit einer anderen Kundin begann, verschwand ich unauffällig wieder aus der Umkleidekabine.

Reichlich aufgegeilt verließen wir nach dem Bezahlen den Laden mit Rebeccas winziger Beute und machten uns auf die Suche nach einem schönen Plätzchen, um die herrliche Nachmittagssonne noch ein bisschen zu genießen. Keine zehn Minuten später saßen wir in einem der zahlreichen Straßencafés direkt an einer Gracht und stießen auf unseren besonderen Tag an. Jetzt war ich natürlich noch viel neugieriger, was die heute Abend anstehende Party anging, aber alle meine Fragen blieben unbeantwortet, da war nix zu machen. Die einzigen Infos, die Rebecca mir gab, waren die, dass ihr alter Kumpel Piet kein Gast, sondern der Initiator der heutigen Party war, und dass von den Herren an diesem Abend ein elegantes Outfit erwartet wurde, das sie selbstverständlich für mich in ihren Koffer gepackt hatte. Egal, wenn sie mehr nicht erzählen wollte, ließ ich mich halt überraschen. Nach einer Stunde verließen wir das Café wieder und gingen zurück zu unserem Hotel, um uns für den Abend chic zu machen.

Als wir schließlich frisch gestylt loszogen, trug Rebecca unter ihrem leichten Sommermantel tatsächlich nichts als ihren megaheißen neuen Fummel. Sie hatte sich bei mir untergehakt, da sie keinen Fehltritt mit ihren zwölf Zentimeter hohen Stilettos riskieren wollte, und ganz relaxt schlenderten wir entlang der Grachten unserem Ziel im Rotlichtviertel entgegen. Die Straßen quollen fast über von den Strömen an Touristen, die scheinbar alle in diesem verruchten Viertel unterwegs waren. Die vorwiegend männlichen Besucher wurden offensichtlich wie magisch von den sich in unzähligen Schaufenstern präsentierenden käuflichen Damen angezogen, aber es gab auch etliche Frauen, die neugierig einen Blick in die für sie wahrscheinlich fremde Welt warfen. Im Vorbeigehen riskierte ich natürlich auch den ein oder anderen Blick auf die größtenteils wirklich attraktiven Damen in den Schaufenstern, aber wir hielten nirgends an, denn wir wollten auf jeden Fall pünktlich an unserem Ziel sein, um nichts zu verpassen.

Ich merkte, wie meine Anspannung mehr und mehr anstieg, je näher wir dem Ziel kamen. Ganz so cool wie Rebecca war ich einfach noch nicht.

»Na komm, jetzt kannst du mir doch sagen, was mich auf der Party erwartet!«, unternahm ich einen letzten Versuch, ihr etwas zu entlocken. Sie lächelte mich unschuldig an. »Lass dich einfach mal überraschen, ich garantiere dir, zum Tanztee sind wir nicht eingeladen. Und so ganz genau weiß ich selbst nicht, was da heute Abend so abgeht, aber bei einer Sache bin ich mir ziemlich sicher, wir zwei werden Spaß haben!« Sie zwinkerte mir zu und drückte mir einen heißen Kuss auf die Lippen. Dann zeigte sie auf ein großes, nobel aussehendes Altstadthaus ein paar Meter vor uns. »Gleich wirst du sowieso mehr erfahren, wir sind nämlich da. Dieses Haus ist es!«

Rebecca stieg die kleine Treppe zum Eingang hinauf und drückte die oberste der sechs Klingeln. Ein Summen ertönte, wir traten ein und mit einem hochmodernen Aufzug, den ich hier gar nicht erwartet hatte, ging es in die oberste Etage. Erwartungsgemäß nutzte Rebecca die kurze Fahrt, um sich lüstern an mich zu drücken und mit mir zu knutschen, und als ich ihr den Mantel hochschob und meine Finger in ihre Pussy gleiten ließ, war die natürlich schon wieder richtig nass. So ein dauergeiles Biest hatte ich wirklich noch nie zuvor getroffen und ich machte nicht zum ersten Mal innerlich drei Kreuze, dass sie mich als Partner auserwählt hatte. Die leichte Nervosität, die ich die ganze Zeit verspürt hatte, war plötzlich verschwunden. Die Tür des Aufzugs öffnete sich, Rebecca schob den Mantel ganz lässig wieder nach unten und als wir hinaustraten, blickten wir direkt in die Augen zweier ziemlich tough aussehender Security-Typen, die einige Meter von uns entfernt vor einer Tür standen. Obwohl sie ziemlich grimmig guckten, war Rebecca vollkommen unbeeindruckt, ging zielstrebig auf die beiden zu und drückte dem größeren eine Karte in die Hand. Augenblicklich setzte der Typ ein freundliches Gesicht auf und drückte auf den Klingelknopf neben der Tür.

Rebecca strahlte mich an. »Jetzt geht's los, mein Süßer, wir tauchen ein ins sündige Leben von Amsterdam! Wenn die Partys noch so geil sind wie früher, dann mach dich auf einiges gefasst!«

Sie hatte die Worte kaum ausgesprochen, als die Tür auch schon geöffnet wurde. Ein verdammt gutaussehender Typ stand im Türrahmen und streckte uns lächelnd seine Hand entgegen. »Hallo, ihr zwei, schön, dass ihr da seid. Ich bin Hank, kommt doch bitte herein.«

Wir folgten Hank in einen breiten Flur. Gedämpft drangen Musik und Stimmengemurmel durch die einzig sichtbare Tür und es hörte sich eindeutig danach an, als ob hinter dieser Schwelle schon einiges los war. Hank half Rebecca aus ihrem Mantel, nahm mir mein Jackett ab und hängte die Sachen sorgfältig an eine riesige Garderobe. Dann öffnete er die Tür am Ende des Flurs. »Viel Spaß, euch beiden«, gab er uns noch mit auf den Weg und schon schloss sich die Tür hinter uns wieder.

Von einem Moment zum anderen waren wir in eine andere Welt eingetaucht und ich war auf Anhieb vollkommen geflasht. Ich wusste gar nicht, wohin ich zuerst gucken sollte, so viele Eindrücke strömten gleichzeitig auf mich ein und wollten irgendwie erfasst werden. Ich schaffte es noch nicht einmal, Rebecca anzusehen, geschweige denn, ihr irgendetwas zu sagen.

Wir standen in einer Penthousewohnung und der Raum, der sich vor uns eröffnete, hatte gigantische Ausmaße. Dieser Eindruck wurde noch verstärkt durch die ungewöhnlich hohen Decken und die mächtigen Glasfronten, durch die man auf eine große Dachterrasse sehen konnte. Der Partyraum war in ein rotblaues Licht getaucht, das mal heller und mal dunkler wurde, und das zusammen mit den sich zur Musik bewegenden Lichtkegeln dem Ganzen eine irgendwie psychedelische Atmosphäre gab. Die laute Musik, die den Raum erfüllte, verstärkte diesen Eindruck noch. »Time of the Season« von den Zombies klang eindringlich und glasklar aus unsichtbaren Boxen und vermittelte das Gefühl eines Zeitsprungs zu einer Drogenparty in die längst vergangenen Sechziger Jahre.

Die Veranstaltung befand sich bereits in vollem Gange. Es war laut, voll und hitzig und es sah aus, als wenn kein Zentimeter Platz auf der Tanzfläche mehr frei wäre. Niemand nahm auch nur die geringste Notiz von uns. Das Bild, das sich uns bot, ließ darauf schließen, dass hier schon mindestens seit drei Stunden gefeiert wurde. Alkohol und Drogen mussten ebenfalls reichlich im Spiel sein, denn die Hemmungslosigkeit vieler Gäste war echt beeindruckend. Viele Frauen steckten in ähnlich heißen Partyoutfits wie Rebecca, aber etliche Gäste waren auch schon vollkommen nackt. Keine fünf Meter vor mir tanzten zwei junge Frauen dermaßen heiß miteinander, dass mir mein Schwanz schon eindeutige Signale gab, dass er sich hier ziemlich wohlfühlte. Überall wurde rumgemacht, geknutscht, gefummelt und mehr. Unglaublich, ich war kaum in der Lage, alle Sauereien, die sich hier abspielten, zu erfassen, denn das wilde Treiben war nicht nur auf die Tanzfläche beschränkt, sondern fand auch auf den im Raum verteilten Loungemöbeln und auf der Dachterrasse statt.

Es war einfach nur geil, mit so einer heißen Party hatte ich nicht gerechnet, und ich konnte mich des Eindrucks nicht erwehren, dass sich die Nummer hier noch zu einer ausgewachsenen Orgie entwickeln würde. Plötzlich stieß Rebecca neben mir ein freudiges *»Pieeet!«* aus und machte ein paar Schritte Richtung Tanzfläche auf einen großen Typen zu, der in einen eleganten Anzug gekleidet war, und aussah wie ein Dandy. Passenderweise hatte er auch noch in jedem Arm eine halb nackte Schönheit, die er allerdings sofort losließ, als er Rebecca erkannte. Freudestrahlend fielen sie sich um den Hals und mir entging natürlich nicht, dass er seine Hände direkt zu ihrem geilen Arsch hinabgleiten ließ und die beiden sich zur Begrüßung leidenschaftlich küssten und aneinander rieben. Das war ganz nach meinem Geschmack und machte mich sofort noch eine Spur geiler. Jetzt kamen auch noch die beiden Schönheiten, eine Rothaarige und eine Blonde, direkt auf mich zu und schmiegten sich wie selbstverständlich von rechts und links bei mir an. Okay, das fing ja sehr gut an und es ging sogar noch besser weiter. Die beiden ließen echt nichts anbrennen und während sie mich schmachtend anblickten, knöpften sie mir gleichzeitig abwechselnd mein Hemd auf und keine zehn Sekunden später stand ich mit blankem Oberkörper zwischen ihnen. Bei dem Tempo, was hier an den Tag gelegt wurde, würde ich in ein paar Minuten wahrscheinlich komplett nackt sein. Die beiden Süßen waren offensichtlich noch nicht fertig mit mir, denn jetzt streichelten sie meinen nackten durchtrainierten Oberkörper, bedeckten ihn mit Küssen, leckten lüstern an meinen Nippeln und forschten dann auch ganz schnell wie selbstverständlich an meiner Hose weiter. Erst als Rebecca wieder strahlend vor mir stand, wendeten sie sich wieder unserem Gastgeber zu und ließen von meiner Hose ab. »Das ist Piet, mein Schatz«, stellte sie mir ihren alten Freund vor. »Er hat uns eingeladen und freut sich ganz besonders, dich endlich kennenzulernen«, erklärte sie mir. Piet begrüßte mich mit einem festen Händedruck und musterte mich prüfend von oben bis unten. Schließlich nickte er anerkennend in Rebeccas Richtung. »Da hast du dir aber ein richtig feines Sahnestück ausgesucht, mein Engel. Wenn er hält, was er optisch verspricht, dann hast du einen Volltreffer gelandet!«

»Verlass dich darauf, Piet. Er sieht nicht nur gut aus, er ist auch unersättlich und für jede Sauerei zu haben, also genau der Richtige für mich«, gab Rebecca schlagfertig zurück und die Antwort schien Piet zu gefallen, denn er grinste amüsiert, während er meine Hand noch kräftiger schüttelte. »Dann lasst uns mal auf eine hoffentlich unvergessliche Nacht anstoßen! Danach machen wir einen kleinen Rundgang und ich zeige euch alles und stelle euch ein paar Freunden vor«, wandte er sich wieder an Rebecca, winkte gleichzeitig eine der aufmerksamen Bedienungen herbei und schon stießen wir gemeinsam mit einem Glas Schampus an. »Und jetzt kommt mit, ich will euch mein kleines Refugium zeigen und bin gespannt, wie euch meine frivole Party gefällt.«

Während er uns herumführte, erzählte Piet, dass er schon seit acht Jahren jeweils zweimal im Jahr so eine Party veranstaltete. Das Ding hatte in den letzten Jahren absoluten Kultstatus erreicht und war weit über die Stadtgrenzen Amsterdams hinaus in den einschlägigen Kreisen bekannt. Und das zu Recht, denn ein so versaut hemmungsloses Treiben hatte ich noch nie erlebt. Hier stimmte einfach alles, an jedes Detail war gedacht worden, um es den Gästen so angenehm wie möglich zu machen, nichts schien zu fehlen.

Für mich war das Highlight der Location eindeutig die riesige Außenterrasse. Neben einem Pool und einem großen Jacuzzi gab es auch einige äußerst luxuriös aussehende, überdachte Loungebetten. Außerdem wurde etwa die Hälfte der Terrasse von einem gewaltigen, weißen Sonnensegel überspannt, was dem Ganzen ein absolutes Urlaubsflair gab.

Als wir zusammen mit Piet über die große Terrasse schlenderten, war ich echt ein bisschen sprachlos über das, was ich zu sehen bekam. Hier hatten die meisten der Gäste nichts mehr mit Tanzen und Party im Sinn. Überall wurde völlig hemmungslos gebumst, geleckt, geblasen und gespritzt. Wahnsinn, was für eine paradiesisch geile Orgie!

»Okay, ich denke, ihr habt alles gesehen. Ich lasse euch dann jetzt mal allein.« Piet zwinkerte uns zu. »Ich wünsche euch viel Spaß in meinem bescheidenen Domizil!« Und schon hatte er sich umgedreht und war verschwunden.

Ich konnte mein Glück kaum fassen und begeistert wandte ich mich Rebecca zu. Die strahlte mich an. »Wusste ich doch, dass eine Einladung von Piet immer ein Volltreffer ist!« Ich zog sie in meine Arme und küsste sie leidenschaftlich und dann tauchten wir endlich ins Geschehen ein.

Rebecca wollte sich erst mal auf der Tanzfläche ein bisschen austoben und ich folgte ihr. Sie schwang ihre Hüften megageil im Takt der Musik und auch ich konnte mich dem mitreißenden Rhythmus nicht entziehen. Wir schafften es allerdings nicht, auch nur für die Länge eines Songs im dichten Gedränge auf der Tanzfläche für uns zu bleiben. Zu groß war der Reiz, der von allen Seiten auf uns einströmte, die vielen Möglichkeiten, die nackte Haut der anderen Tänzer, die flirtenden Blicke der vielen attraktiven Menschen um uns herum und die unfassbar knisternde erotische Atmosphäre. Gerade tanzten wir noch miteinander, nur um uns im nächsten Augenblick auch schon von fremden, zärtlichen Händen auf unserer Haut widerstandslos verführen zu lassen. Beide gaben wir uns den anderen Mitspielern, die sich fordernd an uns schmiegten, willig hin und waren innerhalb kürzester Zeit voneinander getrennt. Wir ließen es geschehen, denn wir waren beide

Exklusiv für unsere Buchkäufer:

Kurzgeschichte »Geile Bootstour« kostenlos + iPad-Gewinnspiel

Kostenlos:

Geile Bootstour
Tara Bernado

Erotische Kurzgeschichte

12 Seiten

Die Internet-Story zu dem Buch: »Ich will es noch mal unanständig!«

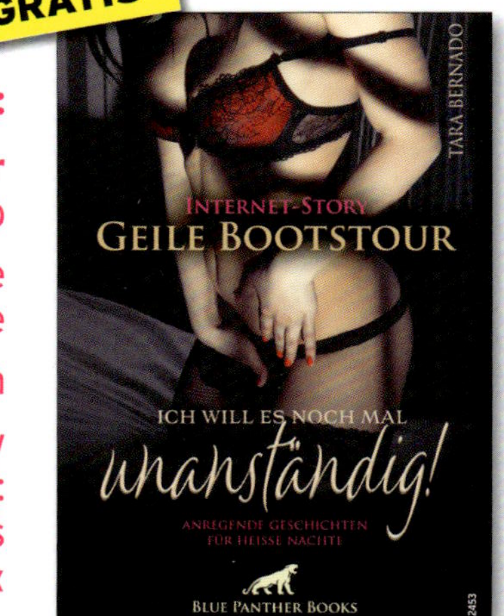

Die Verlosung erfolgt jeden ersten Freitag im Quartal (Datum des Poststempels). Gewinner werden schriftlich benachrichtigt. Mitarbeiter von blue panther books und deren Angehörige dürfen nicht teilnehmen! Der Rechtsweg ist ausgeschlossen!

immer interessiert an Neuem und hier bot sich die willkommene Gelegenheit dazu. Ohne auch nur eine Sekunde nachzudenken, stiegen wir in das Spiel ein. Genau deswegen waren wir hier.

Wie aus dem Nichts waren die zwei halb nackten Schönheiten von vorhin wieder an meiner Seite aufgetaucht und heizten mir beim Tanzen ordentlich ein. Ich machte mir keinerlei Gedanken darüber, ob sie mich tatsächlich so unwiderstehlich fanden oder ob Piet sie vielleicht zu mir geschickt hatte. Genießen war angesagt und als ich die Zunge und Lippen der Rothaarigen auf meinem Mund spürte, vergaß ich alles andere. Die beiden hielten sich auch gar nicht lange mit Vorgeplänkel auf, sondern zogen mich einfach von der Tanzfläche weg zur nächstgelegen Lounge-Ecke. Dort ließen wir uns zu dritt nieder, wobei die zwei mich wie selbstverständlich in ihre Mitte nahmen. Flinke, zärtliche Hände öffneten im Handumdrehen erst meine Hose und umspielten danach meinen harten Ständer. Mein dicker Schwanz schien ihnen ziemlich gut zu gefallen, denn schnell glitten sie vom Sofa und knieten jetzt beide vor mir. Ich war im Paradies gelandet! Als die Rothaarige ihren Mund öffnete und ihre vollen Lippen über meine Eichel schob, wollte ich mich erst zurücklehnen und genießen, aber dann zog sie sich wieder zurück und bot meinen Schwanz der Blonden an. An Zurücklehnen war nun nicht mehr zu denken, schließlich wollte ich nichts verpassen. Die beiden lutschten mir jetzt tatsächlich abwechselnd den Schwanz und ich kann euch ohne zu übertreiben versichern, das machten sie sensationell gut. Sie waren ein eingespieltes Team, das war eindeutig, und ihre Art, meine pralle Eichel anzusaugen und dann meinen Prengel fast komplett in ihrem Mund verschwinden zu lassen, brachte mich mehr und mehr um den Verstand. Ich fühlte mich wie in einem Traum gefangen, trotz meiner geöffneten Augen, denen nichts entging, was die beiden mit mir anstellten.

Um nicht zu schnell abzuspritzen, riss ich den Blick zwischendurch immer mal wieder von den beiden versauten Schönheiten los. Die Musik war inzwischen etwas rockiger geworden und es schien sowohl auf der Tanzfläche, als auch auf den anderen Sesseln und Sofas im Raum immer hitziger zuzugehen. Direkt neben uns trieb es ein Pärchen ziemlich wild und hemmungslos und das Mädel wurde noch lauter, als sich ein zweiter Typ wie selbstverständlich dazugesellte. Geil, überall wo ich hinsah, ging es heftig zur Sache und als ich Rebecca im Gedränge der Tanzfläche für einen kurzen Moment sehen konnte, musste ich doch ein bisschen grinsen. Ihr heißer Fummel war verschwunden und umringt von einer Traube aus Männern und Frauen tanzte sie nackt. Na ja, tanzen konnte man das eigentlich nicht nennen, denn die eindeutigen Bewegungen, die sie mit ihrem unwiderstehlichen Körper machte, konnte man kaum anders als eine Aufforderung zum Sex verstehen. Ihre Anziehungskraft auf beide Geschlechter war mal wieder atemberaubend und als sie sich aus der Traube löste, folgten ihr sofort ein paar willige Mitspieler.

Ich hatte mich ablenken lassen und das hatten wohl auch die beiden frivolen, vor mir knienden Damen bemerkt. Die Blonde hielt meinen steifen Schwanz in der Hand und beide schauten mich vorwurfsvoll an. »Gefällt dir nicht, wie wir dir den Schwanz lutschen?«, fragte mich die eine mit Unschuldsmiene. »Sollen wir aufhören?«

Bloß das nicht! »Nein, bitte macht weiter, mir ist noch nie so geil der Schwanz gelutscht worden!« Jetzt legten die beiden sich noch mal richtig ins Zeug, ihre vollen Lippen glitten an meinem Schaft entlang und besonders die Blonde hatte es drauf, dabei so an meinem Prengel zu saugen, dass mir das Sperma schon bis zur Eichel stand. Das würde hier gleich ganz schnell zu Ende gehen und ich war schon sehr gespannt, wie sie mit der Spermafontäne, die sie unweigerlich erwartete, umgehen würden. Ich liebe es, wenn Frauen meinen Saft schlucken, aber ich finde es auch unheimlich geil, wenn sie sich ins Gesicht spritzen lassen und dabei auch noch versaut gucken. Blondie beugte sich noch einmal vor und saugte auf diese unwiderstehliche Art an meiner Eichel und dann ging es los. Ich spritzte mein Sperma genau dorthin, wohin sie mein knallhartes Rohr mit ihren Händen lenkten, und als wenn sie von meinen Wünschen geahnt hätten, ließen sich beide erst stöhnend ins Gesicht spritzen, um dann den Rest meines Spermas auf eine unglaublich gierig-versaute Art und Weise mit ihren Mündern aufzusaugen. Ich stöhnte laut und hemmungslos, während ich mir alles ganz genau ansah, auch wie sie sich zum Schluss noch gegenseitig das Sperma aus den Gesichtern leckten und küssten. Was für geile Weiber!

Gerade fing ich an, mir Gedanken darüber zu machen, wie ich die beiden jetzt am besten befriedigen könnte, da musste ich feststellen, dass sie scheinbar gar kein Interesse daran hatten. Sie beachteten mich gar nicht mehr und hielten stattdessen geradezu raubtierhaft im ganzen Saal Ausschau nach neuer Beute. Sie schienen schnell fündig geworden zu sein, denn mit einem kleinen Kuss verabschiedeten sie sich von mir und schon waren sie händchenhaltend und kichernd auf dem Weg zur Tanzfläche. Was für ein Anblick und was für ein geiler Einstieg in diese versaute Party! Kaum zu glauben!

Ich blieb erst mal sitzen, mein Schwanz brauchte jetzt eindeutig eine kleine Pause, und sah einfach der um mich herum stattfindenden Orgie zu. Ich konnte mir gerade keinen heißeren Ort auf diesem Planeten vorstellen, und keinen, an dem ich lieber hätte sein wollen.

Nach ein paar Minuten beschloss ich, mich mal nach Rebecca umzusehen. Ich war mir sicher, dass sie hier garantiert schon irgendwo ihrer Lieblingsbeschäftigung nachging. Also stürzte ich mich ins Getümmel, orderte im Vorbeigehen einen Mojito an der Bar und steuerte dann mit meinem Getränk in der Hand Richtung Außenterrasse, schließlich kannte ich ja Rebeccas Leidenschaft für Spiele im Wasser.

Hier draußen schien es keinen Ort mehr zu geben, an dem nicht gefickt wurde. Ob im sprudelnden Wasser des Jacuzzi, im kühlen Pool oder auf den bereitgestellten Loungebetten, überall vergnügten sich Paare oder ganze Gruppen miteinander. Mittlerweile war auch die Außenterrasse in rotblaues Licht getaucht, das dem Treiben einen irgendwie intimen Charakter verlieh. Ich konnte Rebecca nicht entdecken, aber im Pool tummelte sich eine Traube von Männern, die sofort meine volle Aufmerksamkeit auf sich zog. Aha, das sah ganz nach meiner Freundin aus. Das wäre typisch für Rebecca und voll ihr Ding, es einer Reihe von Kerlen nacheinander ordentlich zu besorgen, um sich dann anschließend ihre klatschnasse Möse – im besten Fall von mir - durchficken zu lassen.

Ich versuchte einen Blick ins Innere des Pulks zu erhaschen und tatsächlich, da war sie. Sie kniete Rücken an Rücken mit einer anderen Frau im niedrigen Wasser und beide lutschten hingebungsvoll an einem Schwanz. Blasen schien ja hier eine ziemlich beliebte Spielart zu sein, musste ich feststellen, aber da das gleichzeitig etwas war, was ich mir äußerst gern anschaute, stellte ich mich an den Beckenrand und genoss die perfekte Sicht auf Rebecca und ihre Mitstreiterin.

»Rebecca ist wirklich immer noch das absolute Nonplusultra«, hörte ich eine Stimme neben mir. »Du hast echt Glück!« Überrascht stellte ich fest, dass ich genau neben Piet stand. Ich grinste ihn an. »Da hast du recht, ich kann mir keine Bessere vorstellen!«

Jetzt schien das Spielchen im Pool beendet zu sein, denn Rebecca und die andere Frau standen auf und die Gruppe rund um die beiden zog sich zurück. Sie ließ ihre Augen suchend umherschweifen und schon hatte sie Piet und mich am Beckenrand entdeckt.

Mit einem lüsternen Lächeln im Gesicht verließ sie den Pool und kam zu uns. »Na, ihr zwei, ihr kommt ja genau zum richtigen Zeitpunkt«, begrüßte sie uns und küsste erst mich und dann Piet auf den Mund. Sie stand jetzt genau zwischen uns und hatte unverkennbar ein paar Sauereien im Kopf. »Bisher habe ich ja nur geblasen, da könnt ihr beide euch doch sicherlich vorstellen, wonach mir jetzt der Sinn steht, oder?« Klar konnte ich das und auch Piet schien keine Zweifel an Rebeccas Absichten zu haben. Wir nickten also beide, grinsten uns an und führten unsere gemeinsame Gespielin zu einem gerade frei gewordenen Loungebett. Wir befreiten uns von unseren Hosen und es war nicht zu übersehen, dass Piet von Rebeccas Idee genauso begeistert war wie ich. Sein ziemlich beeindruckender Schwanz stand bereits knallhart nach oben und er sah Rebecca erwartungsvoll an. »Erst mal möchte ich von euch beiden ein bisschen verwöhnt werden!« Sie krabbelte auf das Bett, beugte sich vor und gewährte uns so völlig hemmungslos einen Einblick in ihre intimsten Stellen. Wir ließen uns natürlich nicht lange bitten und während Piet seine Finger in ihre Pussy schob, fing ich an, sanft an ihrem Kitzler zu reiben. Diese Doppelstimulation schien ihr ausgesprochen gut zu gefallen, denn bereits nach ein paar Sekunden konnte ich es in ihrer Pussy plätschern hören, wenn Piet seine Finger scheinbar äußerst gefühlvoll in ihr bewegte. Keine Ahnung, was er da gerade genau machte, aber es kam offensichtlich sehr gut bei Rebecca an. Während er seine Finger in ihr kreisen ließ, wurde Rebecca immer lauter. Ihr Stöhnen war nicht zu überhören, Piet bewegte seine Finger immer schneller und als dann ein Schwall Saft aus ihrer Pussy schoss, konnte ich es kaum glauben. Wie geil war das denn, so was hatte ich bei ihr noch nie gesehen und bei einer anderen Frau auch noch nicht! »Ja, jaaa, mach weiter! Geil!«, hörte ich sie ausstoßen und Piet machte genau das, was sie von ihm verlangte. Ein Schwall nach dem anderen schoss hervor und schließlich lief ihm die Nässe erst an der Hand und dann am ganzen Unterarm herunter. Wahnsinn, was ich hier erleben durfte! Da konnte ich doch glatt noch etwas dazulernen! Es war für mich einfach unglaublich geil, mit einer so erfahrenen und aufgeschlossenen Frau zusammen zu sein. Was ich gerade gesehen hatte, fand ich echt beeindruckend, denn eine derartige Fingerfertigkeit fehlte mir definitiv noch. Begeistert und gleichzeitig vollkommen fasziniert gab ich mit meinen Fingern ebenfalls alles, um Rebecca noch zusätzlich zu stimulieren. Keine Ahnung, ob ich meinen Teil dazu beitrug, aber innerhalb kürzester Zeit wurde sie von einem heftigen Orgasmus geschüttelt. Genießerisch gab sie sich den Wellen, die sie durchströmten, hin und obwohl ihr Körper anschließend von einem leichten Schweißfilm überzogen war, hatte ich nicht das Gefühl, dass sie sich damit schon begnügen würde. Und genau so war es auch. Sie richtete sich auf, zog Piet mit einer Hand vor sich und mit der anderen dirigierte sie mich hinter sich. Dann beugte sie sich wieder vor und ließ Piets dicken Schwanz zwischen ihren Lippen verschwinden, während ich ihr mein Ding von hinten reinschob.

Es war unglaublich geil, Rebecca von hinten zu ficken, während sie gleichzeitig einem anderen Mann den Schwanz lutschte. Ich genoss jeden Stoß in ihre immer noch unvorstellbar nasse Pussy und auch Piet sah ziemlich geflasht aus. Plötzlich warf er den Kopf zurück und stöhnte laut auf und als Rebecca gleichzeitig ihre Muskeln anspannte und meine Latte damit in einen unglaublich harten Griff nahm, konnte ich mich auch nicht mehr zurückhalten. Mein Sperma schoss mit enormer Kraft aus meiner Eichel.

Gleichzeitig von beiden Seiten vollgespritzt zu werden, ließ auch bei Rebecca alle Dämme brechen. Ich konnte das intensive Zucken ihrer Pussy an meinem Schwanz deutlich spüren und obwohl Piets Latte in ihrem Mund sie daran hinderte, laut zu stöhnen, wusste ich, dass wir gerade alle drei gleichzeitig kamen. Wow, was für ein neues, geiles Gefühl!

Als Piet und ich uns schließlich wieder aus ihr zurückzogen, ließ sie sich lachend auf das Bett fallen. »Das habt ihr echt gut gemacht, Jungs«, strahlte sie uns an. »Jetzt brauche ich erst mal eine kleine Pause und dann möchte ich sehen, was man hier sonst noch erleben kann!«

Kinky Ladys – Hemmungsloses Date im Sexshop

Jamie nahm noch einen Schluck Sekt, lehnte sich genussvoll auf dem Sofa zurück und wartete gespannt auf die versauten Dinge, die er ganz sicher gleich zu sehen bekommen würde. Kurz fiel sein Blick in den großen Spiegel an der Wand gegenüber. Er musste grinsen, als er sich selbst so lässig auf diesem Sofa sitzen sah. Das hier lief ganz nach seinem Geschmack, eine spontane Aktion, deren Ergebnis ihm garantiert gefallen würde. Die Geräusche, die an sein Ohr drangen, waren jedenfalls vielversprechend.

Er wusste, dass er sich noch ein bisschen gedulden musste, bis sich der Vorhang der Umkleidekabine wieder öffnen würde, aber das störte ihn nicht. Er freute sich jetzt schon auf den Augenblick, wenn Viola heraustreten und sich ihm präsentieren würde.

***

Eigentlich waren er und seine Freundin nur zufällig hier gelandet. Ihnen war die in Pink und Schwarz gehaltene Beschriftung des Ladenlokals ins Auge gefallen und der ungewöhnliche Name des Geschäfts hatte sie dann endgültig angelockt. »Unanständig mit Stil« – das war genau das, was sie mochten.

»Der Laden muss neu sein«, hatte Viola festgestellt, »der wäre mir sonst bestimmt schon eher mal aufgefallen.« Sichtlich interessiert hatte sie ihn in Richtung des großen Schaufensters gezogen.

»Da hast du recht, den kenne ich auch nicht.« Nur allzu bereitwillig war Jamie ihr bis vor das Ladenlokal gefolgt. Ein Einblick ins Innere war nicht möglich, deshalb hatten sich erst mal zusammen die schön arrangierte, sexy-frivole Dekoration angesehen und als er dann Richtung Eingang gegangen war, war Viola ihm sofort gefolgt.

Er hatte ihr die Tür aufgehalten und während sie an ihm vorbeihuschte, hatte sie ihn verschwörerisch angelächelt. »Hier finden wir bestimmt noch ein heißes Teil für das Wochenende, mein Schatz!«

Ein Blick auf das Schild an der Tür hatte ihm dann allerdings verraten, dass ihnen für die Auswahl nicht mehr allzu viel Zeit blieb, der Laden würde in einer halben Stunde schließen.

Nur ein paar Sekunden später standen sie auch schon mitten im Verkaufsraum. Bereits der erste Rundumblick verriet, dass es hier von extravaganten Dessous und ausgefallener Clubwear nur so wimmelte. Das war natürlich ganz nach Violas Geschmack, wie Jamie wusste, und er freute sich schon auf die heißen Teile, die sie ihm ganz sicher gleich vorführen würde.

Sie gingen jetzt schon seit einiger Zeit regelmäßig in Swingerclubs und obwohl Viola am Anfang sehr skeptisch gewesen war, war sie inzwischen die treibende Kraft hinter diesen Besuchen. Sie setzte sich einfach unglaublich gern in Szene und die Clubs boten ihr dafür die ideale Plattform. Außerdem hatte sie schnell bemerkt, dass sie mit ihrem guten Aussehen und ihrer charismatischen Ausstrahlung gut ankam. Das hatte ihr Selbstsicherheit gegeben und sie war wesentlich lockerer geworden. Und wenn sie in einem der Clubs ein passendes Paar kennenlernten, war für sie mittlerweile so gut wie alles möglich.

Für diese Abende brauchte Viola natürlich immer mal wieder ein neues sexy Outfit – ein bisschen Abwechslung gehörte schließlich dazu. Außerdem hatten sie sich für das Wochenende einen neuen, für sie noch unbekannten Club ausgesucht, der für sein niveauvolles Ambiente bekannt war und deshalb kam die zufällige Entdeckung dieses neuen, schönen Geschäftes genau zum richtigen Zeitpunkt.

***

Zunächst hatten sie allein in dem großen Verkaufsraum gestanden, aber es dauerte nur einen Augenblick, bis eine attraktive Blondine durch einen schwarzen Fransenvorhang in den Raum kam. »Hallo, ihr zwei, willkommen im ›Unanständig mit Stil‹«, begrüßte sie Viola und Jamie freundlich. »Ich bin Edita. Was kann ich für euch tun?«

Viola riss ihren Blick von dem herrlichen Angebot rund um sie herum los und wandte sich der attraktiven Frau zu. »Hallo, ich bin Viola und der hübsche Kerl da drüben ist Jamie.« Sie lächelte die Blondine an. »Wir möchten uns mal ein bisschen umschauen, das ist ja wirklich eine tolle Auswahl hier!« Ihr Blick blieb ziemlich lange bei Edita hängen, wie Jamie feststellte, doch dann drehte sie sich abrupt um und war mit ihren Augen wieder ganz bei den scharfen Dessous und den heißen Swinger-Outfits.

Jamie grinste Edita an und zuckte einmal mit den Achseln. Doch die schien es gar nicht zu stören, dass Viola sie nicht mehr beachtete. »Gern, seht euch erst mal alles in Ruhe an und meldet euch einfach, wenn ihr irgendwelche Fragen habt oder ich irgendwie behilflich sein kann. Und wenn du etwas anprobieren möchtest«, wandte sie sich noch einmal an Viola, »sag Bescheid, ich helfe dir dann dabei.«

Wie selbstverständlich duzte sie ihre neuen Kunden und die unaufdringliche, freundliche Art, die sie dabei an den Tag legte, sorgte sofort für eine spürbar lockere Atmosphäre. Jetzt drehte

Viola sich doch noch einmal um. »Vielen Dank, darauf komme ich bestimmt gleich noch zurück. Hier gibt es einiges, was ich unbedingt mal anprobieren möchte. Aber ich suche mir zuerst mal eine kleine Auswahl zusammen!« Und schon stand sie vor einer Wand mit Röcken und Kleidern und begann die Sachen durchzusehen.

Edita wandte sich an Jamie. »Du kannst dich gern auf das Sofa da vorn setzen, wenn du magst. Darf ich dir und deiner Freundin vielleicht ein Glas Sekt bringen? Dies ist nämlich meine Eröffnungswoche und ich bin mir sicher, dass ich euch beide hier in meinem Laden bisher noch nicht begrüßen durfte!«

Eigentlich war Jamie kein Sekttrinker, aber das war ihm gerade reichlich egal. Edita war eine echte Granate und es lag ihm ziemlich fern, ihr Angebot auszuschlagen. Er schätzte sie auf Ende dreißig und ihr wirklich heißer Body steckte in einem Outfit, mit dem sie wohl jeden Mann in Wallung gebracht hätte.

Sie trug eine rot-schwarze Korsage mit einer raffinierten Schnürung vorn, die ihre prallen Titten äußerst vorteilhaft betonte. Ihr aufregend runder Po steckte in einer hautengen, schwarzen Lackhose. Trotz des scharfen Outfits war sie nicht übermäßig geschminkt, sondern punktete mit Natürlichkeit, was ihm ausgesprochen gut gefiel.

»Klar, gern«, antwortete er also und als sie auf ihren megahohen High Heels den Raum Richtung Fransenvorhang durchquerte, um den Sekt zu holen, sah Jamie, dass ein silberfarbener Reißverschluss sich über ihren gesamten Po zog und dann zwischen ihren Beinen verschwand. Puh, das war wirklich ein megaheißes Geschoss!

Er ließ sich auf das Sofa fallen und sah Viola beim Durchschauen der Sachen zu. Sie hatte schon drei oder vier Bügel über dem Arm liegen und er freute sich schon darauf, sie in den sexy Outfits zu sehen. Er fühlte, wie sein Schwanz sich bei dem Gedanken in seiner Hose regte und er genoss das angenehme Gefühl, das er dabei empfand.

Dann hörte er auch schon das Klackern von Editas Absätzen und kurz darauf kam sie mit einem Tablett, auf dem drei gefüllte Sektgläser standen, durch den Vorhang zurück in den Raum. Jamie stand auf und sie reichte ihm ein Glas. Jetzt schien auch Viola bereit für eine kleine Unterbrechung zu sein, denn sie kam zu ihnen, legte die ausgewählten Kleidungsstücke auf dem Sofa ab und nahm ihr Glas von Edita entgegen. Sie stießen an und Jamie musste feststellen, dass er sich nicht erinnern konnte, schon mal mit zwei so attraktiven Frauen gleichzeitig etwas getrunken zu haben.

»Schön, dass ihr in meinen Laden gefunden habt!« Edita strahlte sie an.

»Schön, dass es jetzt endlich so einen tollen Laden in unserer Nähe gibt!«, erwiderte Viola. »Wir wünschen dir viel Erfolg mit deiner Geschäftsidee. Du wirst uns ab sofort bestimmt öfter hier sehen!« Und dann zwinkerte sie Edita zu und irgendwie konnte Jamie sich in diesem Moment nicht des Eindrucks erwehren, dass er gerade abgemeldet war. Nun gut, das störte ihn nicht weiter, schließlich fand er Editas herzliche Art und ihr attraktives Äußeres selbst ziemlich ansprechend und er konnte gut nachvollziehen, dass Viola von ihr fasziniert war.

Sie stießen noch einmal an, plauderten ein bisschen über die Geschäftsidee und versprachen Edita, ihren Laden weiterzuempfehlen. Auf das erste Glas folgte ein zweites und die Stimmung zwischen ihnen wurde immer lockerer. Freimütig erzählten Jamie und Viola von ihren Erfahrungen in der Swingerszene. Edita erzählte, dass sie selber früher auch regelmäßig in Clubs unterwegs gewesen sei, dass sie aber leider seit zwei Jahren keinen festen Partner mehr habe und sich als Solo-Frau in den Clubs einfach nicht wohlfühle. Den regelmäßigen Sex vermisste sie allerdings sehr, wie sie zugab. Als die Frauen dann begannen, sich sogar über ihre sexuellen Vorlieben und No-Gos auszutauschen, stand

Jamie nur noch staunend daneben. Er erkannte seine Freundin kaum wieder. So aufgeschlossen war sie normalerweise nicht gegenüber Menschen, die sie kaum kannte. Aber hier schien die Chemie einfach zu stimmen und da Edita genauso offen über alles sprach wie Viola, genoss er einfach die angenehme Atmosphäre und ließ sich von den äußerst interessanten Gesprächsthemen ein bisschen aufgeilen.

Irgendwann fiel Editas Blick auf ihre Uhr. »Was, so spät ist es schon? Eigentlich ist der Laden schon seit zehn Minuten geschlossen.« Sie sah Viola an. »Ich schließe mal eben ab, damit niemand mehr hereinkommt und ihr zwei könnt selbstverständlich bleiben, bis ihr hier fertig seid.«

Sie griff nach einem Schlüsselbund, das neben der Kasse lag und ging Richtung Tür.

Viola sah ihr nach und dann flüsterte sie Jamie zu: »Wow, was für eine nette und attraktive Frau!«

»Ja, das kann man wohl sagen, was für ein Glück, dass wir den Laden entdeckt haben.«

***

Nachdem Edita abgeschlossen hatte, kam sie wieder zurück zu Jamie und Viola.

»Jamie, mach es dir doch einfach wieder bequem und ich helfe Viola jetzt mal mit den ausgesuchten Sachen. Zeig doch mal, was du da Schönes hast!«

Viola hielt die Kleidungsstücke hoch.

»Oh ja, da hast du aber Geschmack bewiesen, diese Korsage ist wirklich etwas ganz Besonderes und der Lackrock steht dir bestimmt auch supergut.« Edita kommentierte alles, was Viola hochhielt, mit lobenden Worten.

Jamie hatte sich wieder auf das Sofa gesetzt und ihm entging nicht, wie die beiden Frauen sich immer wieder wie zufällig gegenseitig berührten, während sie sich über die Vor- und Nachteile der jeweiligen Dessous unterhielten. Schließlich legte sich Edita den ganzen Stapel über ihren Arm und ging zu der geräumigen Umkleidekabine. Viola folgte ihr und Jamie konnte sich ein Lächeln nicht verkneifen, als sie zusammen hineingingen und den Vorhang hinter sich zuzogen.

Er hatte keine Ahnung, was hier los war, aber wenn es in die Richtung lief, die er vermutete, könnte das hier eventuell noch eine ganz heiße Nummer werden.

Er lehnte sich also zufrieden zurück und wartete einfach ab.

Plötzlich öffnete sich der Vorhang ein kleines Stück und Viola streckte ihren Kopf heraus. »Das kann hier noch etwas dauern, die Schnürung an der Korsage nimmt ein bisschen Zeit in Anspruch, es soll schließlich perfekt aussehen. Lass dich überraschen!«

Und schon schloss sich der rote Vorhang wieder und er hörte nur noch gedämpftes Stimmengemurmel und leises Kichern aus der Umkleidekabine.

Okay, sollten die Mädels mal machen, er hatte Zeit. Von seinem Sofa aus schaute er sich ein bisschen im Laden um. Hier konnte man wirklich alles finden, was man für ein lustvolles Zusammensein so brauchte. Neben den vielen sexy Klamotten und Dessous gab es auch eine ganze Wand mit Sextoys in den verschiedensten Ausführungen, einen Bereich mit extravaganten Schuhen und Stiefeln und sogar ein kleines Regal mit erotisch-frivolen Büchern. Ein Schild wies außerdem auf einen weiteren Raum hin, in dem BDSM-Zubehör und Outfits für Männer zu bekommen waren. Okay, das würde er sich ein anderes Mal anschauen, heute war Violas Tag.

Die beiden Frauen schienen sich ebenfalls nicht zu langweilen, aus der Kabine hörte er immer wieder kichernde und tuschelnde Laute, dann wieder Stille, gepaart mit einem tiefen Seufzer. Er fing gerade an, sich auszumalen, was da wohl gerade hinter dem Vorhang passierte, als sich dieser wieder öffnete und Viola anzüglich lächelnd und mit geröteten Wangen heraustrat. Ob ihr Gesicht vom Sekt erhitzt war oder ob das eventuell andere Gründe hatte, war für Jamie nicht ersichtlich, es war aber auch nicht wichtig für ihn. Wichtig war jetzt nur noch der megaheiße Anblick, der sich ihm bot. Das Outfit, das Viola ihm präsentierte, sah einfach unglaublich geil an ihr aus und sie schien es zu wissen, denn sie bewegte sich vollkommen selbstsicher auf ihn zu. Mit etwas Abstand zum Sofa blieb sie stehen, lächelte ihn anzüglich an und drehte sich dann einmal um ihre eigene Achse.

»Na, wie gefalle ich dir? Wäre das ein Outfit nach deinem Geschmack oder ist das schon zu gewagt?« Mit Unschuldsmiene blickte sie auf ihn herab.

Sie trug eine Unterbrust-Korsage aus weichem schwarzem Leder, das teilweise mit einer feinen Spitze überzogen war. Edita hatte die Schnürung am Rücken sorgfältig festgezurrt, sodass Violas schlanke Taille traumhaft zur Geltung kam. Aber der wirkliche Knaller an dieser Korsage waren die schmalen Zierbänder aus Leder, die sich vom oberen Rand der Korsage über Violas volle Brüste zogen und in einem breiten, eng anliegenden Halsband endeten. Die dünnen Bänder waren in circa zwei Zentimeter Abstand voneinander an der Korsage angebracht worden und zeigten deshalb mehr, als sie verbargen. Violas helle, makellose Haut schimmerte zwischen ihnen hervor und ihre zusammengezogenen, harten Nippel lugten deutlich sichtbar zwischen den Schnüren heraus. Dass sie auch noch verdächtig feucht glänzten, machte den Anblick nur umso geiler. Jamie konnte seine Augen kaum abwenden, aber als Viola zu einer neuerlichen Drehung ansetzte, fielen ihm auch die anderen, ebenfalls megascharfen Details ihres Outfits ins Auge. Zu den an Strapsen befestigten, verrucht aussehenden Strümpfen mit

Naht kam noch ein kleiner, zarter Stringtanga, ein Hauch von Nichts sozusagen, durch den Jamie problemlos hindurchsehen konnte. Puh, am liebsten wäre er aufgestanden, hätte sich seine Freundin geschnappt und sie direkt hier auf dem Sofa einfach durchgevögelt.

Edita schien ihm seine Gedanken anzusehen und fast schien es, als wollte sie ihn noch ein bisschen schärfer machen. Sie deutete auf die hohen schwarz-rot gesprenkelten Pumps, die Viola trug. »Die sind gestern erst aus London eingetroffen, nennen sich ›Bloody Mary-Pumps‹, haben einen elf Zentimeter Absatz und sehen ja wohl echt heiß aus, oder?«

Dem hatte Jamie nichts hinzuzufügen. Er saß mit leicht geöffnetem Mund und hartem Schwanz auf dem Sofa und starrte seine Freundin unverhohlen geil an.

Edita und Viola lächelten sich einvernehmlich an. »Also ich muss schon sagen«, fing Edita an, »ich kann mir nicht vorstellen, dass ich noch mal eine Kundin haben werde, der die Korsage besser steht als Viola.« Sie sagte es vollkommen überzeugt und als die beiden Frauen sich daraufhin erneut anlächelten, staunte Jamie nicht schlecht. Sie hatten sich schließlich gerade erst kennengelernt und er hatte noch nie erlebt, dass seine Freundin jemandem so schnell ihre Zuneigung zeigte.

Viola lief jetzt ganz ungeniert im Laden herum, schaute sich noch dies und das an und umrundete auf ihren hohen Absätzen immer wieder das Sofa. Sie schien nicht vorzuhaben, dieses spektakuläre Outfit gleich wieder auszuziehen, ganz im Gegenteil, sie fühlte sich offensichtlich sehr wohl und genoss die Blicke von Jamie und Edita.

Dann warf Jamie einen Blick auf seine Uhr. »Was, so spät ist es schon? Ist es überhaupt okay, dass wir immer noch hier sind?«

Edita sah ihm in die Augen. »Mache ich den Eindruck, als wollte ich, dass ihr geht?«

Nein, den Eindruck machte sie wahrlich nicht, zumal sie in der nächsten Sekunde schon nach der Sektflasche gegriffen hatte und Viola und sich selbst noch etwas nachschenkte. Die beiden sahen sich in die Augen, stießen an und hauchten sich einen leichten Kuss auf den Mund. Jamie nahm sich vor, heute keine blöden Fragen mehr zu stellen.

***

Zwischen den beiden Frauen knisterte es gewaltig und um das zu checken, musste man wahrlich kein Hellseher sein. Für Jamie war das kein Problem, es gefiel ihm, wenn Viola ihren Spaß hatte, und vielleicht würden die beiden ihn ja auch noch in ihr Spiel mit einbeziehen.

»Zeigst du mir denn auch noch die anderen Sachen, die du dir ausgesucht hast?« Er sah Viola herausfordernd an.

»Ach, ehrlich gesagt, ich glaube nicht, dass ich noch etwas Besseres finde als dieses Outfit hier.« Viola warf einen Blick in die Umkleide. »Oder doch, warte mal, ein Teil ist doch noch dabei. Bin gleich wieder da!« Sie nahm Editas Hand, zog sie mit sich und schon waren die beiden wieder hinter dem Vorhang verschwunden.

Amüsiert beobachtete er, wie der Vorhang sich immer wieder bewegte und er war sich sicher, dass er die unterdrückten Geräusche aus der Umkleide richtig einschätzte. Diesmal war deutlich weniger Getuschel und Gekicher zu hören. Neben den typischen Geräuschen des Aus- und wieder Anziehens vernahm er dafür jetzt deutlich das ein oder andere Stöhnen und Seufzen.

Dann wurde es still und durch die Öffnung des Vorhangs erschien zuerst einer der Bloody Mary-Pumps und dann wurde ein Bein in einem schwarzen, großmaschigen Netzstrumpf hinterhergeschoben. Es wackelte zweimal hin und her, dann wurde der Vorhang mit einer schwungvollen Bewegung zur Seite geschoben und Viola trat heraus.

»Wow, auch nicht schlecht!« Jamie machte große Augen.

Sie trug jetzt einen schwarzen Bodystocking, dessen elastisches Material sich wie eine zweite Haut um ihren Körper gelegt hatte. Das grobmaschige Netzoberteil war durch Strapse mit den passenden Strümpfen verbunden, ihre Pussy und ihr geiler Arsch lagen jedoch komplett frei. Violas Nippel hatten sich durch das Netz geschoben, und Jamie wusste gar nicht, wo er zuerst hinschauen sollte. Was er hingegen genau wusste, war, dass er sich jetzt schon auf den Tag freute, an dem sie dieses Outfit einmal in größerer Runde tragen würde.

Mit ein paar Schritten war sie am Sofa angelangt, positionierte sich genau vor ihm und stellte lasziv einen Fuß auf der Sitzfläche ab. Ihre Pussy befand sich jetzt genau vor seinem Gesicht. Da sie keinen Slip mehr trug, konnte er sehen, dass ihr Spalt feucht glänzte. Okay, das war jetzt eine eindeutige Aufforderung und ohne zu zögern, griff Jamie zu. Er legte eine Hand um ihren herrlich runden Arsch und ließ dann zwei Finger der anderen Hand einfach in ihre feuchte Möse gleiten.

»Oh, was ist das denn? Was für unanständige Sachen habt ihr zwei da drinnen denn gemacht?« Er schaute sie gespielt streng von unten an. »Jetzt weiß ich, warum ihr mich hier draußen so ewig habt warten lassen.« Er ließ seine Finger, wo sie waren, zog Viola einfach ganz nah zu sich heran und küsste ihre Pussy. »Hmm, du riechst so gut!« Viola drückte sich ihm noch eine Spur mehr entgegen und er presste sein Gesicht gegen ihre vor Geilheit heiß-feuchte Möse. Sie stöhnte bei seiner Berührung leise auf. Er spielte weiter mit seinen Fingern in ihr und schob dann zärtlich seine Zunge zwischen ihre Schamlippen. Mit kreisenden Bewegungen verwöhnte er ihren Kitzler.

»Mhmm, jaaa!« Mehr sagte sie nicht, aber das war auch nicht nötig. Jetzt trat Edita von hinten an Viola heran und begann, an ihrem Ohrläppchen zu knabbern. Ihre Hände ließ sie ganz langsam nach vorn zu den vollen Brüsten gleiten. Vorsichtig liebkoste sie die durch das Netzoberteil hervorstehenden Nippel. Stöhnend legte Viola ihren Kopf nach hinten und die beiden Frauen begannen sich zu küssen.

Jamie hatte sein Lecken unterbrochen, bewegte jetzt nur noch seine Finger in Violas Pussy und schaute den beiden Frauen beim Knutschen zu. Die Situation war einfach megageil für ihn und er hoffte, dass Viola und Edita ihn noch richtig in ihr Spielchen mit einbeziehen würden.

»Oh Mädels, ihr seht echt heiß aus«, flüsterte er den beiden zu. »Ich habe so ein Glück, hier mit zwei so tollen Frauen eingeschlossen zu sein!«

Viola stand zwischen ihrem Mann und der Frau, die sie gerade erst kennengelernt hatte, und ließ sich einfach verwöhnen. Dann flüsterte Edita ihr etwas ins Ohr und ein Lächeln huschte über Violas Gesicht. Sie entzog sich Jamies Fingern, drehte sich um und setzte sich auf das Sofa.

Mit langsamen Schritten kam Edita näher, kniete sich vor Viola auf den Boden und schob ihr die Schenkel auseinander. Sie beugte sich vor und begann, Viola zwischen den Beinen zu küssen. Jetzt konnte Jamie sehen, dass der Reißverschluss über Editas Po nicht mehr ganz geschlossen war und in seiner Fantasie malte er sich aus, was Viola wohl gerade in der Umkleidekabine mit ihren Fingern bei Edita schon angestellt hatte. Seine Latte drückte gegen seine Hose und er musste sich anders hinsetzen, um den Druck etwas zu verringern. Okay, dann würde er jetzt sein Glück einfach mal versuchen.

»Und was ist mit mir?«, wandte er sich an die beiden Frauen. »Wollt ihr mich denn ganz vernachlässigen?«

Edita ließ sich in ihrem Tun gar nicht beirren und Viola lächelte ihn nur an. »Keine Sorge, mein Schatz, du bist gleich auch dran, aber jetzt musst du dich erst noch ein bisschen gedulden.« Dann schloss sie die Augen, stellte einen Fuß auf dem Sofa ab und lehnte sich zurück.

Edita schien keine Hemmungen zu kennen, mit ihrer Zunge leckte sie an der so offenherzig angebotenen Pussy entlang und konzentrierte sich dann ganz auf Violas Lustperle. Sie ließ ihre Zunge kreisen und Jamie genoss den Anblick und Violas lautes Stöhnen dazu. Dass ihr heutiger harmloser Einkaufsbummel so enden würde, hatte er nicht für möglich gehalten.

Der Druck in seiner Hose wurde langsam unangenehm und da er davon ausging, dass es hier wohl niemanden stören würde, öffnete er den Knopf und zog den Reißverschluss herunter. Sein Schwanz sprang ihm entgegen, dick und prall, und er griff sofort zu. Langsam rieb er auf und ab, während er den Frauen bei ihrem geilen Spiel zusah.

Jetzt wurde Violas Stöhnen heftiger und er sah, wie ihre Nippel sich zusammenzogen – ein sicheres Zeichen dafür, dass sich ein Orgasmus bei ihr anbahnte. Auch Edita schien es zu merken, ihre Bewegungen wurden schneller und mit einer Hand strich sie an Violas Oberschenkel entlang.

»Ja, Baby, mach's mir!« Viola flüsterte leise in Editas Richtung und kaum hatte sie die Worte ausgesprochen, warf sie auch schon ekstatisch den Kopf zurück. Jetzt wurde sie laut. »Ja, ja, so ist es gut. Ja, mir kommt's!« Sie wand sich laut stöhnend unter Editas Zunge und Händen und Jamie sah fasziniert zu, wie hemmungslos die beiden Frauen zur Sache gingen und wie vertraut sie gleichzeitig dabei wirkten.

Als Violas Orgasmus schließlich abklang, griff sie nach Editas Händen und zog sie zu sich hoch. Sie sah ein bisschen beschämt aus.

»Oh, Edita, du musst mir glauben, dass das sonst nicht so schnell bei mir geht. Ich meine, mit Frauen, die ich noch gar nicht lange kenne. Ich weiß auch nicht, was da gerade mit mir los war …«

Doch Edita lächelte sie nur an. »Hey, ist doch alles gut, ich wollte das doch auch. Und Jamie macht auch nicht gerade den Eindruck, als ob ihm das nicht gefallen hätte.«

Damit lag sie natürlich vollkommen richtig. Jamies praller Schwanz ragte aus seiner offenen Hose und seine Eichel glänzte schon nass. Er sah Edita verlangend an. »Und, was machen wir jetzt?«

Sie stand auf. »Viola hat mir erzählt, wie sie es mag, und jetzt zeige ich euch, wie ich es gern habe.«

Zu Jamies Erstaunen kam sie nicht zu ihnen auf das Sofa, sondern ging zielstrebig auf die Wand mit den Sextoys zu. Zielsicher griff sie in das Regal und zog eine Verpackung hervor. Lasziv blickte sie zurück Richtung Sofa. »Ich mag's gern mit zwei Männern und da wir hier nun mal gerade nur einen zur Verfügung haben, hole ich mir mal ein bisschen Ersatz.« Sie öffnete die Verpackung und zog einen großen, rosafarbenen Dildo hervor. »Der hier ist genau nach meinem Geschmack!«

Jamie und Viola grinsten sich nur kurz an. »Okay, meine Süße«, lächelte Viola, »dann werde ich jetzt wohl den Part deines zweiten Lovers übernehmen. Komm her!«

Jamie war aufgestanden und Edita ging mit dem Dildo in der Hand auf ihn zu. Sie begannen wild zu knutschen und Jamie öffnete mit geschickten Fingern die Schnürung ihrer Korsage, während Viola den Reißverschluss der Lackhose aufzog. Als die Schnürung ausreichend gelockert war, streifte Jamie die Korsage einfach über Editas Kopf.

Sie hatte prachtvolle Titten und Jamie griff sofort zu. Er knetete mit beiden Händen und Edita stöhnte laut auf, als er sich herunterbeugte, einen der langen Nippel in den Mund nahm und zu saugen begann. Viola hatte Editas Lackhose inzwischen ein Stück nach unten gezogen und ihr die High Heels von den Füßen gestreift. Sie zog die engen Hosenbeine weiter nach unten und mit Editas Hilfe schließlich über ihre Füße. Jetzt stand die attraktive Blondine vollkommen nackt zwischen ihnen.

Wow, was für ein Körper! Jamie zog scharf die Luft ein, aber bevor er irgendetwas sagen konnte, hatte sie ihm einen kleinen Schubs gegeben und er saß wieder auf dem Sofa. Edita reichte Viola den Dildo. »Und, machst du das für mich?«

»Aber natürlich!« Lächelnd nahm Viola den Prengel entgegen. »Ich wärme ihn dir sogar vor!« Sie schob sich den Dildo in den Mund und Edita ließ sich auf alle viere nieder und bahnte sich einen Weg zwischen Jamies Beine. Der hielt ihr seinen steifen Schwanz schon entgegen und während Edita ihn in ihren Mund gleiten ließ, schob Viola den Dildo in die weit nach hinten rausgestreckte Pussy.

Edita hatte den Schwanz sofort tief aufgenommen und angefangen zu blasen, und allein dieser Anblick machte Jamie fast wahnsinnig vor Geilheit. Als er jetzt sehen konnte, wie mühelos der dicke Dildo in ihre Pussy eindrang, fühlte er, wie sein Sperma nach vorn schoss. Hastig umfasste er Editas Kopf und zog ihn hoch. »Warte, langsam, sonst muss ich spritzen!«

Mit verklärtem Blick sah sie ihn von unten an. »Oh nein, bitte nicht. Ich brauche es definitiv noch ein bisschen länger!« Lächelnd legte sie ihren Kopf auf seinem Oberschenkel ab. »Dann muss ich mich wohl erst mal auf den anderen Schwanz konzentrieren!« Sie drückte sich dem Dildo entgegen und gebannt sah Jamie dem Zusammenspiel der beiden Frauen zu. Dass Viola so etwas tun würde, hätte er ihr nicht zugetraut, aber wenn er ehrlich war, die kleine Nummer, die sie gerade so ungehemmt mit Edita abgezogen hatte, auch nicht. Und trotzdem waren sie beide hier im »Unanständig mit Stil«, zusammen mit einer Frau, die sie erst seit knapp zwei Stunden kannten, und hatten unvorstellbar geilen Sex!

Jetzt näherten Editas Lippen sich wieder seiner Eichel, doch bevor sie sie erreicht hatten, blickte sie zu ihm auf. »Hey Jamie, kannst du dir auch noch etwas anderes mit zwei Schwänzen vorstellen?«

Oh Mann, das fragte sie ihn jetzt nicht wirklich, oder? Er konnte sich sogar sehr gut noch eine andere heiße Nummer mit zwei Schwänzen vorstellen. Fragend blickte er zu Viola.

»Mach nur, mein Schatz, das wollte ich mir schon immer mal anschauen.«

Er konnte es nicht fassen. Heute lernte er Seiten an seiner Freundin kennen, von denen er bisher keine Ahnung gehabt hatte…

Sein Schwanz fühlte sich an, als würde er gleich platzen. »Das wird aber keine lange Sache, nur dass du das weißt.« Er sah Edita an.

»Los, mach's einfach, ich bin so underfucked, ich glaube, das kannst du dir nicht vorstellen!« Sie schob ihn vom Sofa, legte ihren Oberkörper auf der Sitzfläche ab und streckte ihren Arsch nach hinten. Jamie kniete sich hinter sie.

Viola hatte den Dildo auf den Boden gelegt und sich auf das Sofa gesetzt. Fasziniert sah sie zu den beiden. Jamie nahm den Prengel auf und schob ihn in die nasse Pussy vor sich. »Ja, Baby, ich glaube, du brauchst es wirklich!« Er zog den nassen Dildo wieder hervor und setzte seinen eigenen Schwanz an der Pussy und den Dildo an Editas herausgestrecktem Arsch an. Langsam schob er beide Schwänze vor. Edita stöhnte laut. »Ja, mach's mir, ich hatte so lange keinen Schwanz mehr!«

Jamie erhöhte den Druck und langsam drangen beide Schwänze tiefer ein. Oh Mann, fühlte sich das geil an und vor allen Dingen, sah das geil aus! Jamie bewegte jetzt nur noch den Dildo, er hatte Angst, dass es sonst bei ihm in den nächsten Sekunden losgehen würde. Die Nummer zwischen den Frauen hatte ihn schon unglaublich heißgemacht, dann hatte Edita seinen Schwanz noch megageil geblasen und jetzt steckte er in ihrer Pussy und schob ihr gleichzeitig einen Dildo in den Arsch. Wie sollte das ein normaler Mann auch aushalten?

Edita stöhnte unter ihm, drängte sich ihm entgegen und forderte ihn mit ihren Bewegungen auf, das Tempo zu erhöhen. Okay, wenn sie es wirklich so wollte, würde er sich jetzt nicht mehr zurückhalten. Er stieß ihr seinen Schwanz bis zum Anschlag in die nasse Pussy und begann dann mit schnellen, kräftigen Stößen zu ficken. Den Dildo bewegte er im gleichen Rhythmus mit und als Edita anfing, vor Lust zu schreien, hatte er keine Kontrolle mehr über sich. Mit heftigen Zuckungen entlud sich sein Sperma in einem gewaltigen Orgasmus und an Editas Schreien konnte er erkennen, dass es ihr ebenfalls kam. Sein lautes Keuchen und ihre Schreie vermischten sich, ihr ganzer Körper bebte und sein Sperma schoss mit einer unglaublichen Intensität aus seinem Schwanz hervor.

Als nichts mehr kam und auch Edita nur noch ganz ruhig dalag, zog er vorsichtig den Dildo und seinen Schwanz aus ihr heraus.

Dann hörte er Violas Stimme. »Meine Güte, so etwas Geiles habe ich noch nie gesehen!«

Sie beugte sich zu ihm und gab ihm einen Kuss. Dann streichelte sie durch Editas Haar, bis sie den Kopf hob, und küsste auch sie.

Edita fing als erste wieder zu sprechen. »Wow, das war gut.«

Jetzt musste sie ein bisschen grinsen. »Sieht so aus, als hätte mir was gefehlt.«

Dann stand sie auf. »Und wollen wir noch ein Glas Sekt zusammen trinken? Ich denke, wir haben noch ein bisschen was zu besprechen. Wir wollen doch sicher auch unsere Telefonnummern austauschen, oder?«

»Ja klar, das machen wir.« Viola lächelte sie glücklich an.

Und auch Jamie stimmte sofort zu. »Auf jeden Fall! So eine tolle Frau wie dich haben wir noch nie kennengelernt! Wir wollen dich unbedingt wiedersehen!«

»Schön, dass ihr das genauso seht!« Edita sah sichtlich erfreut aus. »Ich hätte nie gedacht, dass dieser Tag mit so einem tollen Abend endet. Ich hole schnell den Sekt und dann stoßen wir auf unser Wiedersehen an!« Nackt, wie sie war, verschwand sie durch den Fransenvorhang.

Jamie zwinkerte Viola zu. »So wie gerade habe ich dich ja noch nie erlebt!«

»Ich mich auch nicht.« Viola schüttelte leicht den Kopf. »Ich weiß gar nicht, was mit mir los war. Aber eins weiß ich ganz genau, mit Edita kann ich mir fast alles vorstellen!«

Jamie grinste erfreut. Ja, das konnte er auch …

Partnertausch – Alles ist erlaubt

Dana saß im warmen Wasser des Whirlpools. Kleine Bläschen sprudelten an ihrem Körper entlang und erzeugten ein angenehmes Kribbeln auf ihrer Haut. Sie hatte die Augen geschlossen, lauschte entspannt dem leisen Blubbern und genoss den lauen Sommerwind, der ihr Gesicht umstrich. Dann hörte sie Schritte über die Terrasse näherkommen und warme Lippen küssten zärtlich ihren Nacken. Lächelnd öffnete sie die Augen.

Rob stand neben dem Whirlpool und hielt ihr strahlend eine Flasche Wein entgegen. »Sieh mal, was ich gerade im Keller gefunden habe. Der teure Rotwein aus unserem letzten Frankreichurlaub!« Er präsentierte ihr stolz seinen Fund. »Der ist jetzt fällig!«

In der anderen Hand hielt er zwei Weingläser und das, was Dana zwischen Flasche und Gläsern deutlich sehen konnte, gefiel ihr besonders gut. Sein leicht angeschwollener Schwanz befand sich genau auf ihrer Augenhöhe.

Sie lächelte ihn an. »Na, das sind ja schöne Aussichten.«

Er schien genau zu wissen, was sie meinte, und grinsend füllte er die Gläser mit dem Rotwein. Dana nahm sie entgegen und Rob stieg zu ihr in das warme Wasser. Sie blickten sich in die Augen und stießen an.

»Zum Wohl, meine Süße! Ich glaube, du kannst dir gar nicht vorstellen, wie gespannt ich auf deine Geschichte bin.

Ich habe heute Nacht sogar schon davon geträumt! Fang an, ich kann es kaum noch erwarten!«

Mit gespieltem Erstaunen sah Dana ihn an. »So neugierig, mein Schatz?« Langsam ließ sie ihren Fuß an der Innenseite seines Schenkels nach oben wandern. »Und du bist dir auch wirklich ganz sicher, dass du *alles* hören möchtest? Nicht, dass du mir noch eifersüchtig wirst! Oder noch schlimmer, eventuell dein Pulver frühzeitig verschießt …« Langsam strich ihr Fuß an seinem Schwanz auf und ab. »Denn eines kann ich dir versprechen, es wird heiß!« Mit verführerischem Blick sah sie ihn über das Glas hinweg an.

Sie erhöhte den Druck ihrer Zehen noch etwas und fühlte, wie sein Schwanz härter wurde. Natürlich wusste sie genau, wie wild er darauf war, endlich ihre Story zu hören. Sie hatten Stillschweigen bis zum heutigen Abend vereinbart, um die Spannung zu erhöhen, und daran hatten sie sich auch gehalten.

»Willst du wirklich alles wissen?«, fragte sie noch einmal. »Dir ist schon klar, dass ich dann nichts auslassen werde, nicht wahr?«

Die Frage war natürlich überflüssig, aber er antwortete ihr trotzdem. »Du weißt genau, dass du nichts auslassen sollst. Ich möchte jedes Detail wissen!« Er lehnte sich entspannt zurück, nahm einen Schluck Wein und sah sie auffordernd an. Nachdem auch Dana den ersten Schluck getrunken hatte, ihren Fuß wie selbstverständlich zwischen seinen Beinen belassend, legte sie endlich los.

***

Die Idee, die dem vergangenen Wochenende zugrunde lag, war ihnen vor ein paar Monaten gekommen, als sie zusammen mit ihren besten Freunden, Sonia und Micky, Silvester gefeiert hatten. Obwohl sie nur zu viert gewesen waren, hatte den ganzen Abend über eine extrem ausgelassene und lustige Stimmung geherrscht. Sie verstanden sich einfach supergut untereinander und in der üblicherweise lockeren Atmosphäre zwischen ihnen, wurde durchaus auch geflirtet. Das war eigentlich immer so, wenn sie zusammen waren, und für keinen von ihnen ein Grund zur Eifersucht. Man mochte sich einfach und fand sich gegenseitig attraktiv und es war für sie alle kein Problem, das offen zu zeigen.

An dem besagten Silvesterabend waren sie allerdings einen Schritt weiter gegangen und leicht beschwipst und gut gelaunt hatte ein Küsschen zum nächsten geführt und die Berührungen untereinander waren immer selbstverständlicher geworden. Was letztlich den Stein für ihre Idee ins Rollen gebracht hatte, wusste im Nachhinein niemand mehr genau, das war aber auch nicht wichtig, da sie alle auch am nächsten Morgen, als sie zusammen beim Frühstück saßen, noch voller Begeisterung von ihrem Vorhaben gesprochen hatten.

Sie hatten zum Jahreswechsel eine äußerst frivole Vereinbarung miteinander getroffen und diese um Mitternacht mit innigen Zungenküssen untereinander besiegelt. Selbst einen passenden Termin hatten sie damals schon festgelegt, wohl wissend, dass aus ihren Plänen sonst nie etwas werden würde. Das zweite Wochenende im Juni sollte es sein und es war Aufgabe der Männer, sich um alles zu kümmern. Und Micky hatte wirklich alles gegeben, das musste Rob anerkennen, nachdem er Danas Geschichte gehört hatte. Die Freude über die gelungene Überraschung war ihr noch anzusehen, als sie zu erzählen begann …

***

Lautes Hupen ertönte von der Straße. Dana warf einen Blick aus dem Küchenfenster.

»Micky ist da, ich muss los!« Mit einem innigen Kuss verabschiedete sie sich von Rob. Er würde gleich ebenfalls aufbrechen, um Sonia abzuholen, und zum Abschied wünschten sie sich gegenseitig ein tolles Wochenende. Dann lief Dana mit ihrem kleinen Koffer zu Mickys Auto. Er verstaute das Gepäck im Kofferraum, überreichte ihr mit einer lässigen Geste einen Piccolo und ein Glas für die Fahrt und dann ging es los Richtung Autobahn. Obwohl Dana mehrmals versuchte herauszufinden, wo es wohl hingehen würde, verriet Micky ihr nichts. Als er von der A9 auf die A92 abbog, hatte sie einen ersten Verdacht. Da sie es aber selbst nicht glauben konnte, fragte sie nicht weiter nach. Erst als er die A92 wieder verließ und den Schildern Richtung Flughafen folgte, platzte es aus ihr heraus.

»Wir machen eine Flugreise, ernsthaft? Wie geil ist das denn!« Sie strahlte Micky an, der zufrieden grinsend neben ihr saß.

»Dieses Wochenende soll ja schließlich etwas ganz Besonderes werden, nicht wahr? Und dabei ist das Ziel der Reise ja nicht ganz uninteressant …« Mehr sagte er nicht und obwohl Dana sich kaum zurückhalten konnte, fragte sie nicht, wo es hingehen würde, sondern gab sich einfach ganz ihrer Vorfreude hin.

Erst als sie vor dem Abfertigungsschalter standen, verriet die blaue Anzeigentafel ihr, wo es hingehen würde. *Ibiza!*

Das war ja der absolute Knaller, da wollte sie schon immer mal hin! Sie fiel ihm um den Hals. »Oh Micky, was für eine tolle Idee! Dass du für unser Wochenende so ein cooles Ziel aussuchen würdest, damit habe ich überhaupt nicht gerechnet!«

Er umfasste ihre Taille und zog sie näher zu sich. »Ich habe lange genug Zeit gehabt, mir Gedanken zu machen, und ich weiß doch, dass du es sonnig magst.«

Dana verspürte ein Kribbeln auf ihrer Haut und zum ersten Mal wurde ihr richtig bewusst, was sie eigentlich vorhatten. Sie würde ein Wochenende mit dem besten Freund ihres Mannes verbringen und alles war erlaubt! Eine Idee, die für viele andere Paare sicherlich unvorstellbar war, hatte in der letzten Silvesternacht Formen angenommen, und alle vier waren sich sicher gewesen, dass es ihren Beziehungen nicht schaden, sondern ihnen einen besonderen Kick geben würde. Dana sah das immer noch so und jetzt hatte sie richtig Lust auf dieses Wochenende. Sie drückte Micky einen Kuss auf den Mund. »Das wird bestimmt geil mit uns beiden, ich freu mich schon wahnsinnig!«

»Ganz bestimmt wird es das.« Er zwinkerte ihr zu und dann waren sie auch schon an der Reihe und er legte der freundlichen Dame am Schalter die Tickets vor.

Im Flieger nahmen sie ihre Plätze ein und als die Stewardess nach Getränken fragte, bestellte Dana sich noch einen Piccolo und Micky nahm ein Bier.

»Auf ein ganz besonderes Wochenende!« Sie prosteten sich zu und Micky blickte Dana tief in die Augen. »Und, bist du nervös?«

»Ein bisschen schon«, gab sie zu. »Aber positiv nervös. Ich freu mich total auf unser kleines Abenteuer!«.

»Ja, das geht mir genauso«, gab Micky zurück. »Das ist wirklich die geilste Idee, die wir je hatten!«

***

Gute zwei Stunden später landeten sie auf Ibiza und bei strahlendem Sonnenschein stiegen sie aus dem Flugzeug. Nachdem sie ihre Koffer geholt hatten, verließen sie das Flughafengebäude und Micky winkte ein Taxi heran. Die Fahrt dauerte nur fünfzehn Minuten, dann hielt der Wagen vor dem Hotel. Ungläubig registrierte Dana die fünf Sterne neben der Eingangstür.

»Das ist unser Hotel?« Strahlend sah sie ihn an. »Micky, jetzt hast du aber wirklich übertrieben!«

»Ach was, Süße, das passt schon. Du sollst dich doch hier mit mir richtig wohlfühlen. Und da habe ich mir gedacht, das Beste ist nur gut genug für uns zwei!« Ganz cool schob er sich die Sonnenbrille in die Haare und dann spazierte er mit ihren beiden Rollkoffern durch den Eingang. Dana nahm sich vor, sich ab sofort mit Kommentaren zurückzuhalten und einfach nur zu genießen. Doch als sie die traumhafte Suite, die er gebucht hatte, in Augenschein genommen hatte, ließ sie ihrer Begeisterung noch einmal freien Lauf und fiel ihm wieder um den Hals. »Mickey, das ist ja echt unglaublich!« Lachend ließ sie sich rücklings auf das überdimensionale Doppelbett fallen und nahm alles noch mal in sich auf. Die Suite hatte einen edlen Holzboden und die gesamte Ausstattung war extrem hochwertig. Es gab einen großen Balkon mit Panoramasicht auf die Altstadt, einen Whirlpool, eine riesige, begehbare Dusche und eine Bar mit einer großen Getränkeauswahl. Einfach nur ein Traum und sie befand sich mittendrin!

Mit einem Hechtsprung landete Micky neben ihr auf dem Bett und Dana zog ihn über sich. »Das hast du echt super ausgesucht!« Ihre Lippen trafen sich und sie begannen, wild zu knutschen. Micky drückte seinen harten Ständer gegen sie und als er eine Hand unter ihre Bluse schob und mit den Fingern einen Nippel berührte, fühlte sie ein heißes Pochen zwischen ihren Beinen.

Doch dann unterbrach er den Kuss und sah ihr in die Augen. »Ich habe echt große Lust, jetzt sofort mit dir zu ficken. Aber vielleicht sollten wir uns noch ein bisschen Zeit lassen. Was meinst du?« »Ja, du hast recht«, gab Dana zurück, »wir haben ja noch das ganze Wochenende vor uns.«

Er gab ihr einen zärtlichen Kuss und stand dann auf. Von dem Zeitpunkt an war jede Nervosität bei Dana verflogen und auch Micky machte einen total relaxten Eindruck. Es kam ihr so vor, als wäre jetzt geklärt, was sie waren: ein Pärchen im Liebesurlaub. Und weil sie sich so gut kannten, würde auch garantiert niemand auf die Idee kommen, dass sie hier nur ein heißes Wochenendspiel spielten, für das sie vor ein paar Monaten bereits die Regeln festgelegt hatten: *Alles kann, aber nichts muss passieren.*

»Komm, wir machen uns ein bisschen frisch und dann sehen wir uns mal in der Altstadt um«, schlug Micky vor. Nur zehn Minuten später standen sie Hand in Hand vor dem Hotel und zogen los. Die Altstadt war wirklich wunderschön. Auf jahrhundertealten

Pflastersteinen liefen sie durch unzählige Gässchen, kamen an imposanten Stadthäusern mit schmiedeeisernen Balkonen vorbei und bewunderten die Werke der vielen Künstler, die in kleinen Galerien ihre Arbeiten präsentierten. Überall war viel los, die Straßencafés waren brechend voll und die vielen Touristen genossen das besondere Flair der alten Gassen. Schließlich landeten sie in einer Boutique in der Nähe des Hafens, die eine so vielfältige Auswahl an ausgefallenen, schönen Kleidern und Accessoires zu bieten hatte, dass Dana am liebsten alles mitgenommen hätte. Aber ihr Hauptaugenmerk lag natürlich darauf, für den bevorstehenden heißen Abend in Ibiza-Stadt das passende Outfit zu finden. Micky unterstützte sie mit Geduld bei diesem Vorhaben und zusammen entschieden sie sich dann für ein enganliegendes kurzes Kleid aus schimmerndem, schwarzem Stoff, in dem ihr runder Hintern hervorragend zur Geltung kam. Dazu suchte sie sich noch ein Paar megasexy aussehende silberne Sandaletten aus – das perfekte Outfit für den Abend.

Als Dana die Umkleidekabine wieder verließ, nahm ihr die hübsche Verkäuferin die Sachen ab und packte sie in eine Tüte. »Dein Freund hat schon alles bezahlt, ich wünsche euch beiden noch viel Spaß heute Abend!«

»Micky!« Dana sah ihn entgeistert an. Aber bevor sie noch ein weiteres Wort sagen konnte, wischte er ihren Einwand schon zur Seite. »Hey, du bist an diesem Wochenende von mir eingeladen und du brauchst nichts weiter beizusteuern, als nur dein süßes Lächeln!« Das war Micky – charmant und unkompliziert – und als die Verkäuferin ihr im Hinausgehen noch zuflüsterte: »Geiler Typ, und das meine ich nicht, weil er die Rechnung bezahlt hat«, hob Dana hinter seinem Rücken einmal ihren Daumen in Richtung der hübschen, jungen Frau.

Sie bummelten noch ein bisschen herum, aßen eine Kleinigkeit in einem Café und dann ging es wieder zurück zum Hotel.

»Mach es dir doch auf dem Balkon bequem, ich mixe uns einen Drink«, schlug Micky vor.

Eine super Idee, wie Dana feststellen musste. Die Abendsonne tauchte den Balkon in rötliches Licht und die Aussicht über die Altstadt und Teile des Hafens war fantastisch. Um besser sehen zu können, stützte Dana sich auf dem Geländer ab und genoss vornübergebeugt das Panorama. Dann hörte sie, wie Micky auf den Balkon trat und zwei Gläser auf dem kleinen Tisch abstellte. Eine Hand legte sich auf ihren Po.

»Wenn du mir deinen sexy Arsch so aufreizend präsentierst, kann ich nicht widerstehen!« Er drückte sich von hinten gegen sie und Dana konnte seinen Schwanz durch den Stoff ihres Sommerkleides fühlen. »Du machst mich wirklich heiß«, flüsterte er mit rauer Stimme und schob ihr Kleid nach oben.

Mit einem Blick vergewisserte Dana sich, dass es auf beiden Seiten des Balkons einen Sichtschutz gab, dann streifte sie mit einer schnellen Bewegung ihren Slip ab. Von unten würde niemand erkennen können, was sie hier oben machten, da war sie sich sicher. Mickey öffnete seine Hose und schob sie ein Stück herunter. Seine Hände umfassten ihren Po und sein Schwanz drängte sich zwischen ihre Beine. Ja, sie hatte ihn schon oft nackt gesehen, sie gingen regelmäßig zu viert in die Sauna, aber seine Latte kannte sie bisher noch nicht, und die fühlte sich gerade verdammt vielversprechend an. Dana stöhnte auf und stellte die Beine weiter auseinander.

»Ja, Baby, das sieht geil aus!« Micky hatte seinen harten Schwanz jetzt in der Hand und rieb damit an ihrem Spalt entlang. Als er den Eingang gefunden hatte, hielt er kurz inne und drang dann in sie ein. Falls er überrascht war, wie nass sie bereits war, ließ er es sich nicht anmerken. Aber bei diesem eindeutigen Zeichen der Lust sah er wohl auch keinen Grund mehr, zurückhaltend zu sein und mit zwei, drei heftigen Stößen schob er seinen Schwanz in sie.

Dana warf den Kopf nach hinten und unterdrückte den kleinen Aufschrei, der ihr fast herausgerutscht wäre. Sein Schwanz fühlte sich göttlich an und als er jetzt in einem schnellen Rhythmus zu ficken begann, konnte sie nicht anders und leises Stöhnen begleitete jeden seiner Stöße. Sein dickes Rohr glitt mühelos immer wieder bis zum Ansatz in ihre Pussy und Dana fühlte die Hitze und das lustvolle Pochen in ihrem Kitzler, das sich immer mehr steigerte.

»Oh Mann, ist das geil, dich so zu ficken«, stieß Micky keuchend hervor und Dana fühlte, wie sein Schwanz in ihr noch dicker wurde.

»Ja, mach's mir!« Sie fühlte die Hitze zwischen ihren Beinen und das Verlangen, einfach genommen zu werden. Unten auf der Straße sah sie die Menschen vorbeiziehen, während sie hier oben von einem Mann, mit dem sie noch nie Sex gehabt hatte, durchgevögelt wurde und der Gedanke daran, dass sie vielleicht doch jemand beobachten könnte, brachte bei ihr das Fass zum Überlaufen. Der Orgasmus überrollte sie geradezu und stöhnend krallte sie sich am Balkongeländer fest. Was sie hier taten, war einfach nur hemmungsloses, geiles Herumficken. Das machte sie wahnsinnig an, und das Zucken in ihrer Pussy wollte gar nicht mehr aufhören. Doch dann zog Micky plötzlich seinen Schwanz aus ihrer Pussy und sein heißes Sperma klatschte gegen ihren Arsch. »Ja, Baby, das sieht geil aus, so mag ich's!« Er hielt einen Moment inne, ließ seinen Blick über ihre mit Sperma bedeckten Arschbacken gleiten, und schob dann seinen Schwanz noch einmal zurück in ihre Pussy. Ein paar sanfte Stöße noch, dann war es vorbei.

Kräftige Hände umfassten Danas Taille und zogen sie ein Stückchen vom Balkongeländer weg. »Fall mir da nicht runter, sonst bekomme ich garantiert Ärger mit Rob!« Micky grinste sie an und Dana musste lachen. »Ja, das denke ich auch. Er ist zwar sehr tolerant, aber auch er hat seine Grenzen!«

Immer noch grinsend befreite Micky ihren runden Hintern mit einem Papiertuch von seinem Sperma, dann richteten sie ihre Kleidung wieder und Dana ließ sich in einen der luxuriösen Lounge Sessel fallen. Micky mixte frische Drinks und dann genossen sie zusammen den Sonnenuntergang, während sie Pläne für den Abend schmiedeten. Sie wollten in das Nachtleben von Ibiza-Stadt eintauchen und die Bar- und Kneipenszene erkunden.

Bevor es losging, ließ Dana sich viel Zeit im Bad, schminkte sich sorgfältig und steckte ihre Haare locker hoch. Als sie in dem schwarz glänzenden, extrem kurzen Kleid und den silbernen Sandaletten aus dem Bad kam, stieß Micky einen anerkennenden Pfiff aus. »Wow, ich könnte dir glatt dein Kleid sofort noch mal hochschieben. Sieht ja wohl ganz danach aus, dass ich heute mit der heißesten Braut von ganz Ibiza losziehe.«

»Na, dann passt das ja«, gab Dana nur zurück, denn auch Micky sah in seiner schwarzen Jeans, die er mit einem enganliegenden T-Shirt und einer coolen Lederjacke kombiniert hatte, ziemlich heiß aus.

Sie ließen sich einfach treiben, aßen zunächst eine Kleinigkeit in einem der vielen Restaurants und zogen dann durch die Gassen und das Hafenviertel. Wo es ihnen gefiel, blieben sie für eine Weile, tranken Cocktails und sahen den vorbeiziehenden Massen zu. Es war ein Sehen und Gesehen werden und sie waren sich einig, dass sie noch nie so viele flippige und ausgefallene Typen auf einem Haufen irgendwo gesehen hatten. Die Leute wollten Party machen, daran gab es keinen Zweifel, aus den Läden tönte laute, coole Musik, der Alkohol floss in Strömen und viele Leute standen auch unter irgendwelchen Partydrogen, das war unverkennbar. Aber die Stimmung war überall gut, es gab keine unschönen Szenen und Dana und Micky ließen sich einfach mitreißen. Mit ihrem sexy Kleid war Dana genau richtig angezogen, und aufgedreht zogen sie durch die vielen Bars und Kneipen und berauschten sich an der Stimmung und am Alkohol.

Irgendwann musste Dana zur Toilette und als sie zurückkam, bemerkte Micky ihre geröteten Wangen und die glänzenden Augen sofort. »Du glaubst ja nicht, was mir gerade passiert ist«, platzte es aus ihr heraus. »Ich hatte kaum die Toilettentür hinter mir geschlossen, da habe ich ganz eindeutige Geräusche aus der Nebenkabine gehört. Und ja, was soll ich sagen, ich schwöre dir, so was habe ich noch nie gemacht, aber hier ist irgendwie alles anders! Jedenfalls konnte ich nicht widerstehen und bin auf die Toilette geklettert und habe über die Trennwand geguckt! Und du glaubst ja nicht, was ich da gesehen habe!« Aufgeregt sah sie ihn an. »Da stand eine ganz zierliche, kleine Blondine vornübergebeugt, und hinter ihr stand ein Schwarzer, das war wirklich eine unglaubliche Kante, und hat sie von hinten gefickt! Und du kannst mir glauben, so einen Riesenprengel, wie der hatte, habe ich noch nie in meinem Leben gesehen und er hat ihn ihr reingeschoben, als wäre das überhaupt kein Problem. Und jetzt kommt's! Ich habe wohl so heftig eingeatmet, dass der Kerl das mitbekommen hat, und dann hat er nach oben geschaut und mir direkt ins Gesicht gesehen! Und dann hat er gegrinst und ohne sein Ficken zu unterbrechen, meinte er zu mir: ›If you want, you could be the next!‹ Ich bin vor Schreck fast von meinem Klo gefallen und ganz schnell wieder nach unten geklettert. So schnell habe ich noch nie Pipi gemacht und zugesehen, dass ich Land gewinne!«

Micky starrte sie ungläubig an und dann mussten sie beide losprusten. Sie stießen mit ihren Cocktails an und lagen sich lachend in den Armen. »Auf Ibiza, die geilste Insel der Welt!« Und als nur fünf Minuten später der hünenhafte Schwarze an ihnen vorbei Richtung Ausgang ging und Dana verschwörerisch zuzwinkerte, konnte sie es sich nicht verkneifen, ihm zum Abschied hinterherzuwinken.

In der nächsten Bar, die sie ansteuerten, gab es eine kleine Tanzfläche und sie mischten sich unter die vielen Leute, die sich bereits im Takt der lauten Beats bewegten. Auch hier riss die lockere und ungezwungene Atmosphäre sie sofort mit und sie knutschten wild und hemmungslos, während sie ihre Körper aneinander rieben. Micky konnte seine Finger überhaupt nicht mehr von Dana lassen, ständig schob er ihr Kleid nach oben und legte seine Hände auf ihren Po. Sie hatte sein Hemd schon ein ganzes Stück weit aufgeknöpft und spielte immer wieder mit seinen Nippeln, was ihn offensichtlich ziemlich heiß machte. Die knisternde Spannung zwischen ihnen lud sich immer weiter auf, doch im Gedränge auf der Tanzfläche schien niemandem aufzufallen, was sie taten. Es war aber genauso gut möglich, dass es ganz einfach niemanden störte.

Dann beugte Micky sich vor und seine Lippen berührten ihr Ohr. »Ich muss immer an deine Story von dem Schwarzen und der Blondine denken und wie geil die beiden gefickt haben.« Er drückte seine harte Latte gegen ihre Pussy.

»Geht mir genauso«, flüsterte Dana zurück. »Sollen wir uns einen ruhigeren Ort suchen?« Micky nickte und ohne ein weiteres Wort zu verlieren, verließen sie die Bar.

Als Micky vorschlug, zum Strand zu gehen, stimmte Dana sofort begeistert zu. Die Vorstellung, es unter dem Sternenhimmel mit ihm zu treiben und dabei das Meer rauschen zu hören, machte sie total an. Am Ende des Hafens fanden sie ein kleines Geschäft, das noch geöffnet hatte.

»Ich schau mal schnell, ob ich noch was zu trinken für uns bekomme.« Micky spurtete in das Geschäft und kam ein paar Minuten später grinsend mit einer Flasche Sekt in der Hand wieder hinaus. »Und schau mal, was ich noch bekommen habe!« Stolz streckte er Dana seine andere Hand entgegen und präsentierte ihr ein buntes Strandhandtuch. »Das können wir gut gebrauchen, denke ich!«

»Oh Micky, du bist echt unglaublich!« Dana nahm das Tuch entgegen, klemmte es sich unter den Arm und Hand in Hand gingen sie weiter.

Am Strand war mehr los, als sie erwartet hatten. Scheinbar waren sie nicht die einzigen, die die Idee hatten, die Nacht dort ausklingen zu lassen. Aber das war kein Problem. Sie zogen sich ihre Schuhe aus, öffneten den Sekt und schlenderten einfach so lange am Meer entlang, bis es ruhiger wurde. Sie bewunderten den fantastischen Sternenhimmel und ab und zu tranken sie einen Schluck direkt aus der Flasche. Nach ein paar Hundert Metern entdeckten sie eine Sonnenliege, die wohl jemand hatte stehen lassen, und die sich hervorragend als kleiner Sichtschutz eignete. Micky breitete das Handtuch neben der Liege aus. »Bitte sehr, schöne Frau!« Lachend ließ Dana sich auf das Handtuch plumpsen und sah Micky von unten verführerisch an. »Und nun, schöner Mann?«

Statt zu antworten, blieb er einfach vor ihr stehen, warf seine Lederjacke achtlos auf die Liege und zog sich dann das T-Shirt über den Kopf. Sein muskulöser Oberkörper wurde vom Mond und dem unfassbaren Sternenhimmel beleuchtet und Dana konnte jedes Detail sehen, was ihre Lust auf ihn noch steigerte. Er öffnete seinen Gürtel und die Knöpfe seiner Jeans und streifte sie zusammen mit seinen Boxershorts ab. Jetzt stand er nackt vor ihr. Sein Schwanz war bereits leicht angeschwollen und er sah einfach nur geil aus. Schnell schlüpfte Dana aus ihrem Kleid und streifte ihren Slip ab. Die herrlich milde Luft, der weiche Sand unter dem Handtuch, das Rauschen des Meeres, die zahllosen Sterne und der geile Typ, der direkt vor ihr stand – alle ihre Sinne wurden angesprochen. Sie lehnte sich zurück und öffnete die Beine. Mickys Schwanz hob sich und als er sich hinkniete und zwischen ihre Beine rutschte, hatte er bereits eine imposante Latte vorzuweisen.

»Wow, du siehst unglaublich scharf aus!« Er beugte sich vor und saugte abwechselnd an ihren Nippeln, was Dana ein geiles Stöhnen entlockte. Sein Schwanz lag auf ihrer Pussy, doch er drang nicht in sie ein, sondern rieb sich nur sanft an ihr. Sie fühlte ein ungeduldiges Ziehen in ihrer Klit und umschlang ihn mit ihren Beinen. »Fick mich, ich halte es kaum noch aus!« Sie griff nach seinem Schwanz. Hart und dick lag er in ihrer Hand und als sie ihn an ihre Pussy führte, konnte sie fühlen, wie nass sie schon wieder war. Sie wollte hier und jetzt von diesem geilen Schwanz gevögelt werden und mit einer schnellen Bewegung schob sie ihn in ihr Loch.

Er fickte sie genau so, wie sie es wollte, hart und leidenschaftlich, und Dana genoss jeden Stoß, den er ihr mit seinem Schwanz versetzte. Auch Micky schien unglaublich geil zu sein, seine Latte war knallhart, obwohl sie den ganzen Abend getrunken hatten. Doch dann hielt er keuchend inne und sah sie an. »Ich will dich lecken, Baby, da träume ich schon den ganzen Tag davon. Und bevor hier gleich alles vorbei ist, muss ich das unbedingt noch machen!«

»Dann mach es doch einfach!« Dana sah ihn mit laszivem Blick an und es war eindeutig, dass sie absolut nichts gegen seinen Wunsch einzuwenden hatte.

Micky rutschte nach unten, bis er mit dem Kopf zwischen ihren Beinen lag. Mit seiner Zunge begann er, ihren Spalt zu erforschen, und als er ihren Kitzler berührte, stöhnte sie auf. Vorsichtig umkreiste er mit der Zungenspitze ihre Lustperle und Dana schloss die Augen und gab sich ganz ihren geilen Gefühlen hin.

In ihrer Fantasie sah sie wieder den schwarzen Hünen aus der Bar vor sich. Sie stellte sich vor, dass sie sein Angebot angenommen hätte und er sie auf dem Klo mit seinem Riesenprengel durchficken würde. Bei der Vorstellung, wie sie vornübergebeugt dastand, und er seine unglaubliche Latte immer wieder von hinten in sie hineinschob, kam es ihr. Laut stöhnend wand sie sich unter Mickys kreisender Zunge, ließ die geile Szene vor ihren geschlossenen Augen ablaufen und heftige Wellen durchströmten ihre Pussy. Micky schob zwei Finger in ihre zuckende Möse und leckte weiter, bis ihr Orgasmus langsam abklang. Dann hob er den Kopf. »Wow, Süße, du kannst dir nicht vorstellen, wie nass hier unten alles ist!«

Doch, das konnte sie sich sogar ziemlich gut vorstellen, aber das würde sie ihm jetzt nicht verraten.

»Das war geil, Mickey«, stöhnte sie nur und grinsend kam er wieder nach oben. »Für mich auch, Baby. Fühl mal, wie hart mein Schwanz immer noch ist!«

Ein Griff an seine Latte bestätigte ihr, was er gesagt hatte. »Oh, das können wir aber nicht so lassen.« Sie spreizte die Beine weiter. »Los, fick mich, du kannst es dir richtig in mir besorgen!«

Dieses Angebot schien ganz nach Mickys Vorstellung zu sein und mit einem heftigen Stoß drang er in sie ein. Er fickte einfach wild drauflos und Dana konnte die ungezügelte Lust in seinem Gesicht sehen und bei jedem Stoß spüren. Es war unglaublich geil, ihn so ungehemmt zu sehen, und als das Sperma aus seinem dick angeschwollenen Schwanz schoss, konnte sie das wilde Zucken, mit der er seinen Saft in sie spritzte, in ihrer Möse spüren.

»Ja, geil, geil, geil!« Er schien in seiner Geilheit gar nicht zu merken, wie laut er war, und schnell legte Dana eine Hand über seinen Mund, um seine Schreie ein wenig zu dämpfen. Er ließ sich davon nicht beirren, presste seinen Mund gegen ihre Hand und machte einfach weiter.

Dann war es vorbei und erschöpft ließ er sich erst auf sie sinken und dann rücklings auf das Strandhandtuch fallen.

»Wow, Dana!« Mehr bekam er nicht heraus, so heftig ging sein keuchender Atem. Sie ließ ihn erst mal etwas zur Ruhe kommen und als sein Brustkorb sich nicht mehr ganz so schnell hob und senkte, drehte sie sich zu ihm. Sie legte einen Arm über seinen Körper. »Das hätten wir wirklich schon eher mal machen sollen!« Sie hatte die Worte leise in sein Ohr geflüstert. »Und weißt du, was echt geil ist, Micky? Das war erst unsere erste Nacht, wir haben noch so einiges vor uns!«

Mit gespieltem Entsetzen sah er sie an. »Ich glaube nicht, dass ich das durchhalten werde, Süße, aber ich werde mein Bestes geben, das verspreche ich!«

Lachend standen sie auf, befreiten sich mithilfe des Strandhandtuchs vom Sand und zogen sich wieder an. Langsam gingen sie zusammen zurück zum Hotel.

***

Dana ließ sich tiefer in das warme Wasser des Whirlpools sinken. Sie wollte gerade wieder anfangen zu sprechen, als Rob einen Finger auf ihre Lippen legte. »Psst, Baby, ich glaube, für heute reicht es. Härter kann meine Latte nicht mehr werden.« Er suchte ihre Hand im Wasser und führte sie zu seinem Schwanz. Dana musste feststellen, dass er nicht übertrieben hatte.

»Oh, wenn das so ist, mein Schatz, dann muss ich mich natürlich erst mal um das hier kümmern.« Sie rieb langsam auf und ab. »Den Rest der Geschichte kann ich dir auch morgen erzählen. Komm, wir gehen rein, ich habe große Lust, dir den Schwanz zu blasen!«

Rob musste grinsen. »Okay, wenn du unbedingt willst …«

Lachend stiegen sie aus dem Whirlpool und hüllten sich in ihre kuscheligen Handtücher. Das würde eine geile Woche werden, so viel war klar. Dana hatte noch einiges zu berichten und sie verspürte jetzt schon ein aufgeregtes Kribbeln, wenn sie nur daran dachte, was Rob wohl von *seinem* Wochenende erzählen würde.

Kingsize – Manche mögen's gross

Immer wenn Gina auf diese ganz bestimmte, laszive Art ihre Arme um meinen Hals legte, sich eng an mich schmiegte und mir die folgenden Worte ins Ohr raunte, wusste ich genau, dass ich einen geil-versauten Abend vor mir hatte. »Wir werden gleich ausgehen, mein Liebling! Wärst du wohl so nett, schon mal die passende Garderobe für mich auszuwählen, während ich mich im Bad frisch mache?«

So begann es immer, unser kleines Ritual, das unsere ganz besonderen Abende einläutete und das wir beide gleichermaßen liebten. Jetzt war es wieder soweit und selbstverständlich erfüllte ich ihr auch dieses Mal ihren kleinen Wunsch mehr als gern, zumal ich wusste, dass ich sie bei der Auswahl der Kleidung sicher nicht enttäuschen würde. Schließlich trieben wir unser kleines Spielchen heute nicht zum ersten Mal, und ich wusste ganz genau, was sie von mir erwartete. Entsprechend fiel auch meine Antwort aus und ich bin mir ziemlich sicher, dass die Vorfreude in meiner Stimme nicht zu überhören war. »Aber selbstverständlich, mein Engel, nichts lieber als das! Ich denke, ich werde etwas Schönes für dich finden, genau richtig für diesen tollen Sommerabend.«

Die Antwort gefiel ihr offensichtlich, denn lächelnd ließ sie eine Hand nach unten an den Schritt meiner Hose gleiten und griff sanft zu. »Du weißt ja, wie sehr ich darauf stehe, wenn ich den ganzen Abend sehen kann, dass du total aufgegeilt bist und deine Latte sich am liebsten aus deiner Hose befreien würde. Also such etwas Passendes aus. Ich lasse dir da freie Wahl, wie immer!«

Und während sie mir die Worte ins Ohr flüsterte, verstärkte sie den Druck ihrer Finger an meinem jetzt schon ziemlich stark angeschwollenen Rohr. Weitere Anweisungen waren für mich nicht notwendig, denn ich kannte meine Aufgabe ganz genau. Noch einmal griff sie kräftig zu, dann schubste sie mich sanft von sich weg und mit einem ausgewachsenen Ständer in der Hose verabschiedete ich mich ins Schlafzimmer.

Ich hatte zwar keine Ahnung, was genau sie für heute geplant hatte, aber dass es versaut werden würde, stand fest. Ich ließ mir Zeit beim Aussuchen und schließlich hatte ich in ihrem äußerst umfangreich bestückten Kleiderschrank genau das richtige Kleid für unseren bevorstehenden geilen Abend gefunden. Zielstrebig wählte ich anschließend die passende Unterwäsche aus und vervollständigte das Ensemble dann mit Ginas traumhaft sexy aussehenden Riemchensandaletten mit den megahohen Absätzen. Mit einem zufriedenen Lächeln im Gesicht brachte ich meine Beute zu ihr ins Bad.

Frisch geduscht stand meine Göttin in ihrem extrem kurzen Bademantel mit Leopardenmuster vor dem großen Spiegel. Wie immer sah sie in dem heißen Teil einfach umwerfend aus. Ihre Haare waren schon geföhnt und sie hatte sie für unser Ritual locker hochgesteckt. Sie war gerade dabei, sich zu schminken, und aus dem Augenwinkel warf sie einen knappen Blick auf ihre heutige, von mir ausgesuchte Abendgarderobe. Ein Lächeln huschte über ihr Gesicht und schon konzentrierte sie sich wieder auf ihr Spiegelbild. Geduldig wartete ich, bis sie mit dem Schminken fertig war, dann trat ich wortlos hinter sie und half ihr galant aus dem Bademantel. Jetzt stand sie nackt da und obwohl ich sie schon unzählige Male so gesehen hatte, war ihr schöner Körper für mich immer noch die pure Verführung. Unsere Blicke trafen sich im Spiegel, als meine Fingerspitzen über ihre Schultern strichen und meine Lippen zärtlich ihren Nacken berührten. Allein das Wissen, dass wir nun zum nächsten Teil unserer Zeremonie übergehen würden, sorgte dafür, dass sich mein Schwanz schon wieder knallhart gegen meine gerade viel zu enge Hose drückte.

Gina drehte sich zu mir um und reichte mir den bereits geöffneten Tiegel mit der duftenden Creme. Unverzüglich kniete ich mich vor sie hin, wobei ich ein Bein rechtwinklig aufgestellt ließ. Mit sanftem Schwung stellte sie einen Fuß darauf ab. Mit Hingabe begann ich, erst den einen und dann den anderen Fuß sorgfältig einzucremen, und vergaß dabei natürlich auch ihre Zehen nicht. Der tiefrote Nagellack und die beiden kleinen Zehenringe, mit denen sie ihre Füße geschmückt hatte, sahen mal wieder supersexy aus und ich hoffte inständig, dass mein Schwanz heute Nacht noch in den Genuss dieser hübschen Zehen, mit denen sie äußerst geschickt umgehen konnte, kommen würde. Nachdem ich beide Füße zu ihrer Zufriedenheit eingecremt hatte, widmete ich mich ihren Beinen. Mit kreisenden Bewegungen trug ich die Creme zuerst auf ihre Unterschenkel auf und arbeitete mich dann nach oben vor. Je höher ich mit meinen Händen kam, umso weiter stellte Gina ihre Beine auseinander, denn sie wollte genauso wenig wie ich, dass irgendeine Stelle ihres Körpers bei unserem Ritual ausgelassen wurde. Der schönste Moment war immer, wenn ich ihre ohnehin schon samtweichen Schamlippen eincremte und sie sich dann völlig hemmungslos vorbeugte und mir auch ihren Anus anbot. Jetzt war ich fast an meiner Lieblingsstelle angekommen und zögerte den Moment absichtlich noch ein bisschen hinaus. Wie ich erwartet hatte, konnte sie es selbst kaum abwarten und auffordernd sah sie mich an. »Na, mach schon weiter, mein Süßer, oder willst du die entscheidenden Stellen meines Körpers etwa auslassen? Du kennst doch die reguläre Reihenfolge, oder? Erst wird alles schön gemacht und anschließend wieder eingesaut.« Und mit diesen Worten beugte sie sich mit auseinandergestellten Beinen vor, damit ich auch wirklich gut an ihre schönsten Stellen drankam. Sie wusste natürlich ganz genau, wie wild mich diese Prozedur machte, und kostete meine Geilheit voll aus. Während ich wieder etwas Creme aus dem Tiegel nahm, bewegte sie ihren geilen Arsch ganz langsam noch ein bisschen hin und her und ich musste mich unglaublich beherrschen, um nicht einfach die Hose zu öffnen und meinem harten Rohr seinen Willen zu lassen. Aber ich hielt mich zurück und kostete diese spezielle Behandlung, die nur mit meinen Händen stattfand, ebenfalls aus. Gina begleitete das Ganze mit leisem Stöhnen und laszivem Hüftschwung und genoss die Situation offensichtlich genauso sehr wie ich. Als ihr Stöhnen immer lauter wurde, beendete ich das Verwöhnprogramm zwischen ihren Beinen allerdings wieder, schließlich wollten wir unser Pulver nicht schon zu Hause verschießen. Über ihren flachen Bauch und den schönen Rücken ging es also weiter hoch zu ihren runden Brüsten, wo mich ihre harten, zusammengezogenen Nippel schon erwarteten. Auch die bekamen natürlich eine sehr intensive Behandlung und ich trennte mich nur schweren Herzens wieder von ihnen, um mich abschließend noch Ginas Hals und ihrem Nacken zu widmen. Dann hatte ich sie komplett eingecremt und sie lächelte mich an. Unser kleines Verwöhnprogramm machte sie genauso scharf wie mich und war einfach der perfekte Einstieg in eine hoffentlich ausschweifende Nacht. Ich lächelte zurück und betrachtete ihren nackten Körper. Die Creme war bereits eingezogen und hatte einen samtigen Schimmer auf ihrer Haut hinterlassen. Sie sah jetzt noch verführerischer aus als vorhin und am liebsten wäre ich sofort über sie hergefallen. Aber wir hatten heute ja noch einiges vor, und da wollte ich auf keinen Fall vorgreifen. Also reichte ich ihr ihre Unterwäsche und ihr Kleid und sah ihr beim Anziehen zu.

Innerlich beglückwünschte ich mich selbst zu meiner Auswahl. Alles war in Rot gehalten, der winzige String, der transparente BH, das tiefrote, enganliegende Kleid und dazu noch die zum Niederknien geilen Sandaletten. Ihr roter Nagellack, den sie heute Vormittag aufgetragen hatte, war natürlich bei der Auswahl eine willkommene Inspiration gewesen und passte wirklich hervorragend in das Gesamtbild. Alles in allem war das so gerade noch ein Outfit, mit dem man ausgehen konnte, ohne in den Verdacht zu geraten, eigentlich auf dem Weg in einen Swingerclub zu sein.

Gina schien das genauso zu sehen. »Das hast du gut gemacht, mein Engel«, lobte sie mich. »Genau das richtige Outfit für einen geilen Abend und dazu noch eine samtweiche, duftende Haut, da kann ja nichts mehr schiefgehen!« Sie drückte mir einen innigen Kuss auf den Mund und verließ zufrieden lächelnd das Badezimmer, damit ich auch noch ein bisschen Zeit hatte, mich für den Abend zu stylen.

***

Als ich kurze Zeit später das Bad verließ und zu Gina in unser Wohnzimmer ging, sah ich, wie ein riesiges Wohnmobil in unsere Hauseinfahrt einbog. Was für eine tolle Überraschung! Unsere besten Freunde, die leider aus beruflichen Gründen nicht so oft Zeit hatten, würden den Abend mit uns verbringen!

»Du bist genial, mein Engel! Wie hast du das denn hinbekommen?«, rief ich Gina zu, die bereits auf dem Weg zur Haustür war.

»Tja, gute Planung ist eben Gold wert«, gab sie nur zurück und schon öffnete sie freudestrahlend die Tür.

Für solche Überraschungen liebte ich Gina einfach. Wenn es darum ging, einen verruchten Abend zu planen und den auch noch mit ganz unerwarteten Details zu krönen, war sie unschlagbar. Sie wusste einfach, auf was es ankam, und war immer mit besonderer Begeisterung dabei, wenn die Planung auch eine geballte

Ladung Erotik enthielt. Das dürfte ihr für den heutigen Abend gelungen sein, denn Lilia und Steven waren fast noch eine Spur verdorbener als erlaubt.

Schon während unserer Begrüßung knisterte es gewaltig. Steven drängte sich ganz eng an Gina und erforschte mit seinen Händen sogleich die Rundungen ihres Pos. Gina spielte natürlich mit, legte ihre Arme um seinen Hals und küsste ihn zärtlich. Typisch Steven, er ließ nie was anbrennen und ganz sicher nicht bei Gina. Einen Wimpernschlag später bekam ich davon aber auch schon nichts mehr mit, denn Lilia flog mir fast in die Arme, küsste mich immer wieder überschwänglich und flüsterte mir ein paar Nettigkeiten ins Ohr. »Du glaubst ja gar nicht, wie sehr wir euch vermisst haben! Und ich natürlich ganz besonders dich!« Und während sie mein Ohr vorsichtig anknabberte, drückte sie ihre großen Brüste fest gegen mich. Oh Mann, mir schoss schon wieder das Blut in den Schwanz, ich wusste gar nicht mehr, das wievielte Mal heute Abend!

Nachdem ich auch mit Steven abgeklatscht hatte, wurde ich endlich in die Pläne für den heutigen Abend eingeweiht. Gina hatte das Ganze schon vor ein paar Wochen zusammen mit den beiden ausgeheckt. Wir würden einen lustig-frivolen Kneipenzug durch die Altstadt von Düsseldorf machen, dafür waren Steven und Lilia immer zu haben, da spielte auch die räumliche Distanz von knapp 300 km Entfernung keine Rolle.

Wir hatten unsere Freunde vor einigen Jahren im Sommerurlaub kennengelernt und uns auf Anhieb supergut mit ihnen verstanden. Aus dieser Urlaubsbekanntschaft hatte sich dann ganz schnell eine innige Freundschaft entwickelt. Und da wir alle vier eine ganz besondere erotische Ausstrahlung aufeinander ausübten, hatte es auch nicht besonders lange gedauert, bis unsere Freundschaft in eine sexuelle Richtung gedriftet war. Unsere gemeinsame Leidenschaft für wilden, hemmungslosen Sex sorgte inzwischen dafür, dass unsere Treffen nicht selten erst in den frühen Morgenstunden endeten und wir uns dann völlig erschöpft und ausgepowert in den Armen lagen.

»So, ihr Süßen, lasst uns keine Zeit vertrödeln, schließlich wollen wir heute Nacht noch reichlich feiern. Quatschen können wir später noch genug, lasst uns endlich losziehen!« Die Ansage kam von Steven und war auch nötig, denn die Mädels waren schon mitten in einem ausführlichen Austausch und reagierten mit gespielter Empörung.

»Na, das ist ja wieder typisch. Schnell loswollen, aber nicht mit einem Wort unsere heißen Outfits erwähnen! Oder gefallen die euch überhaupt nicht und wir sollen hierbleiben?« Die Frage kam von Lilia, die uns herausfordernd anblitzte.

Meine ehrliche Antwort kam prompt. »Wenn wir mit euch unterwegs sind, haben wir immer die beiden attraktivsten Frauen in den heißesten Outfits an unserer Seite. Aber ich muss sagen, heute habt ihr es sogar geschafft, alles Bisherige in den Schatten zu stellen. Ich habe noch nie zwei so unwiderstehliche Frauen gesehen!« Genau so, wie ich es sagte, empfand ich es auch und unsere beiden Mädels fühlten sich mehr als geschmeichelt. »Na, wenn das so ist, dann lasst uns endlich aufbrechen!«, antwortete Gina, reichte Steven ihren Arm und ließ sich strahlend von ihm zum Wohnmobil geleiten. Schnell legte ich meinen Arm um Lilia und eine Minute später saßen wir alle vier in dem großen Gefährt.

Die knapp dreißig Kilometer lange Fahrt bis nach Düsseldorf verging wie im Flug und nachdem Steven das Wohnmobil auf einem Stellplatz direkt am Rhein abgestellt hatte, zogen wir los Richtung Altstadt. Wir kannten fast alle Kneipen hier, aber natürlich wussten wir, dass es unmöglich war, an einem Abend auch alle zu besuchen. Heute ließen wir die Ladys entscheiden und die ließen sich nach Lust und Laune treiben. Angezogen von uriger Tradition, lauter Musik und guter Stimmung zogen wir so vom »Schickimicki« weiter zur »Uel«, dann zum »Spiegel« und landeten schließlich im »Oberbayern«, weil unsere Mädels unbedingt noch richtig tanzen wollten. Während der ganzen Zeit vibrierte die Luft zwischen uns vieren. Mal knutschte ich mit meiner Frau, dann wieder mit Lilia und genauso lief es bei Steven und Gina. Wir kannten uns inzwischen so gut und hatten schon so viel miteinander geteilt, dass das für uns alle vollkommen normal und – wie wir genau wussten – nur der Beginn einer äußerst heißen Nacht war. Unser letztes Treffen lag bereits ein paar Monate zurück und es war für mich nicht zu übersehen, wie heiß Gina auf Steven war, und mir ging es mit Lilia da nicht anders.

Als die beiden Mädels schließlich genug getanzt hatten und vorschlugen, die Nacht doch im Wohnmobil ausklingen zu lassen, hatten wir Männer natürlich überhaupt keine Einwände, grinsten uns voller Vorfreude an und leerten zügig unsere Gläser.

***

Stevens und Lilias Wohnmobil war wirklich ein Luxusgefährt, in dem wir schon so manchen lustigen Abend verbracht hatten, und wie immer fühlten wir uns dort ganz zu Hause. Besonders das Bett, das wirklich Kingsize-Ausmaße hatte und den kompletten hinteren Teil des Wohnmobils ausfüllte, war ziemlich beeindruckend und konnte tatsächlich ohne Probleme von zwei Paaren gleichzeitig genutzt werden.

Während die Mädels sich schon mal in der großen, bequemen Sitzecke niederließen, kümmerte ich mich um die Musik und Steven um die Getränke. In der Hightech Küche des Wohnmobils gab es sogar einen Eiswürfelspender und die Drinks, die Steven gezaubert hatte und jetzt auf den Tisch stellte, waren ziemlich beeindruckend. Um auch ein bisschen Eindruck zu schinden, gab ich mir natürlich bei der Musikauswahl ebenfalls große Mühe. Unsere Frauen tanzten eigentlich immer gern, aber hier und jetzt sollte das Ganze ja ein bisschen intimer werden und entsprechend wählte ich die Musik aus. Als Steven und ich uns ebenfalls gesetzt hatten, stießen wir an, tranken und quatschten gut gelaunt erst mal ein bisschen miteinander. Immer wieder glitt mein Blick dabei zu Lilias Brüsten. Schon den ganzen Abend lang hatte mich ihr ausgesprochen einladendes Dekolleté scharfgemacht. Es war eindeutig, dass sie unter ihrem Kleid keinen BH trug und wiederholt hatte ich mich gefragt, wie sie es schaffte, ihre unglaublich geilen Titten in diesem Kleid zu bändigen, ohne dass die sich verselbstständigten.

Wie zu erwarten, war ich nicht der Einzige, der zu diesem Zeitpunkt schon reichlich aufgegeilt war, denn als die ersten Töne von Ed Sheerans »Perfect« einsetzten, stand Gina auf und streckte ihre Hand Richtung Steven aus. »Na komm, mein Süßer! Ich habe Lust zu tanzen.« Galant ergriff er die dargebotene Hand und lächelte sie an. »Aber gern, meine Schöne!« Und schon standen die beiden eng umschlungen zusammen und bewegten sich langsam zum Takt der Musik. Es dauerte natürlich nicht lange und sie gaben ihre bis dahin mühsam zur Schau gestellte Zurückhaltung auf. Immer enger pressten sie sich aneinander und während Steven seine Hände unter Ginas kurzes Kleid schob, fummelte sie schon in seinem Schritt herum, ohne dass sie auch nur für eine Sekunde aufhörten, miteinander zu knutschen. Es war ziemlich anregend, den beiden zuzusehen und deshalb wunderte ich mich nicht, als Lilia nach kurzer Zeit aufstand und sich direkt vor mich stellte. Sie sah mich provozierend an, griff unter ihr Kleid und mit einer schnellen, geschickten Bewegung zog sie ihren Slip aus. Lasziv lächelnd präsentierte sie mir das winzige, zartrosa Teil zunächst und legte es dann einfach auf meinem Gesicht ab. Sofort stieg mir ihr herrlicher, geiler Geruch in die Nase und das Blut schoss in meinen Schwanz. Dieser unbeschreibliche Duft, gepaart mit dem Wissen, dass sie jetzt gar keine Unterwäsche mehr trug, machte mich unglaublich an. Noch einmal sog ich das Aroma tief in meine

Nase, dann warf ich den Slip zur Seite und stand auf. Eigentlich wollte ich sie mir schnappen, mich gegen sie drücken und ihr zeigen, was sie in meiner Hose angerichtet hatte. Aber bevor ich sie erreicht hatte, ging sie schon zur nächsten Offensive über. Langsam schob sie die Träger ihres Kleides über die Schultern nach unten und mit den Worten »Und wie gefällt dir das?«, zog sie das Kleid bis zu ihrer Taille herunter. *Wow, was für geile Titten*! Zwar sah ich die nicht zum ersten Mal, aber das machte den Anblick kein bisschen uninteressanter. Die Nippel hatten sich zusammengezogen und standen steil nach vorn. Ich konnte gar nicht anders, beugte mich vor und umschloss sie mit meinen Lippen. Gierig lutschte ich erst an der einen und danach an der anderen Seite. Dann richtete ich mich wieder auf, zog mein T-Shirt über den Kopf und legte meine Arme um Lilia. Viel Platz hatten wir in dem Wohnmobil natürlich nicht, aber für zwei tanzende Paare reichte es allemal. Engumschlungen suchten wir uns einen Platz neben Gina und Steven und bewegten uns dann langsam zu den Klängen von Rihannas »Stay«. Lilias nackte Brüste und die harten Nippel fühlten sich herrlich auf meiner Haut an und mein Schwanz drückte sich fast schon schmerzhaft gegen meine Hose. Plötzlich klopfte Lilia mir auf die Schulter und grinste mich an. Mit einer kleinen Kopfbewegung deutete sie Richtung Gina und Steven. Oh Mann, die beiden waren inzwischen eindeutig schon einen Schritt weiter als wir! Gina trug nur noch ihre rote Reizwäsche, während Steven sich nackt an sie schmiegte und sein gewaltiges Rohr gegen ihren Bauch drückte. Seine pralle Eichel guckte dabei seitlich zwischen den beiden heraus und Ginas Finger umspielten sie zärtlich. Ihre rot lackierten Fingernägel machten sich verdammt gut dabei und wie immer musste ich neidlos anerkennen, dass Steven mit einem richtigen Riesenprengel ausgestattet war. Da konnte ich definitiv nicht mithalten, aber ich war mir sicher, dass meine Qualitäten heute Nacht auch noch sehr gefragt sein würden.

»Na, die beiden legen ja schon ordentlich los, da sollten wir in nichts nachstehen.« Lilias rauer Stimme war die Erregung anzuhören. In der nächsten Sekunde hatte sie ihre Hände an meiner Hose und öffnete Knopf und Reißverschluss. Dankbar sprang mein vorher viel zu eng eingepferchter Schwanz hervor, direkt in ihre wartende Hand. »Oh, da hat es aber einer eilig!« Lilias Finger legten sich um mein steinhartes Rohr und fingen sanft an zu reiben. »Genauso mag ich es, schon knallhart, bevor wir überhaupt richtig angefangen haben.« Und schon beugte sie sich vor und umschloss mit ihren vollen Lippen meine Eichel. Dann ließ sie sich mit meinem Schwanz im Mund auf die Knie hinunter und lehnte sich mit dem Rücken gegen einen der Küchenschränke. Ich kannte sie mittlerweile gut genug, um zu wissen, was sie wollte. Genüsslich schob ich ihr mein hartes Rohr tiefer rein, hielt dabei ihren Kopf fest und fickte sie in den Mund. Stöhnend ließ sie sich das gefallen und es war eindeutig zu hören, dass sie bei jedem Stoß geiler wurde. Zwischendurch warf ich einen neugierigen Blick zu Gina und Steven.

Von Gina sah ich nicht viel, sie saß auf dem Bett und Steven stand vor ihr. Sein nackter Arsch bewegte sich rhythmisch vor und zurück. Ah ja, alles klar, Gina ließ es sich natürlich nicht nehmen, sein Riesending ebenfalls mit dem Mund zu verwöhnen, wenn das bestimmt auch kein ganz leichtes Unterfangen war. Angetörnt von dem geilen Anblick erhöhte ich mein eigenes Tempo und Lilia quittierte es mit noch lauterem Stöhnen.

Schließlich schob sie mich von sich weg und sah mich mit gierigem Blick von unten an. »Komm, lass uns ficken!«, forderte sie mich auf und es war wohl ziemlich klar, dass ich dieser Aufforderung nicht widersprechen würde. Ich zog sie hoch und ihr Kleid, das sie eh nicht mehr richtig anhatte, rutschte zu Boden. Jetzt war sie, bis auf ihre megahohen Pumps, völlig nackt. Ich bugsierte sie zu dem Tisch, an dem wir vorhin noch alle vier ganz brav gesessen hatten, und sie drehte mir sofort ihren Arsch zu und beugte sich über den Tisch. Mit gespreizten Beinen wartete sie auf meinen Schwanz. Gierig schob ich ihre Beine noch etwas weiter auseinander. Ah, was konnte ich denn da sehen! Zwischen ihren wohlgeformten Pobacken glitzerte es …

Sie trug ihren Analplug und was da so glitzerte, war der lilafarbene Schmuckstein am Ende des Plugs. Was das für den weiteren Verlauf des Abends bedeutete, brauchte mir niemand zu erklären. »Du geiles Biest«, stieß ich hervor. Mit einem Lächeln im Gesicht drehte sie ihren Kopf zu mir um. »Was soll ich denn machen, wenn mein Ehemann so ein Riesending hat?«

Und damit hatte sie natürlich recht. Es war ja schließlich kein Geheimnis zwischen uns, dass Analverkehr mit Steven und seinem gigantischen Prengel nicht wirklich möglich war, da half auch kein Buttplug.

Dass ich hier mit meinem Schwanz klar im Vorteil war, freute mich schon ein bisschen. Aufgegeilt von der Aussicht auf das, was da noch kommen würde, schob ich ihr mein Rohr zunächst mal in ihre Pussy. Sie fühlte sich heiß und eng an und mit langsamen Stößen drang ich immer tiefer in sie ein. Die ganze Zeit konnte ich dabei den Buttplug an meinem Schwanz fühlen. Oh Mann, war das geil und auch Lilia reagierte darauf, wie sich der Plug und mein Schwanz aneinander rieben. »Jaaa, das ist gut!«, stöhnte sie und presste sich mir entgegen.

Es fühlte sich so geil an, dass ich mich innerhalb kürzester Zeit kaum noch zurückhalten konnte und kurz vor dem Abspritzen stand. Ich wollte mich gerade für eine kleine Pause zurückziehen, als Lilia sich ein Stück nach vorn bewegte und mein Schwanz aus ihr herausflutschte. Atemlos drehte sie sich zu mir um, küsste mich leidenschaftlich und griff an mein abstehendes Rohr. »Was hältst du davon, wenn wir zu den beiden anderen rübergehen? Ich glaube, wir könnten zu viert noch mehr Spaß haben.«

Eine Antwort erwartete sie offensichtlich nicht, denn sie zog mich einfach an meinem steifen Schwanz Richtung Bett. Gina und Steven hatten ihre Position noch nicht verändert. Steven stand weiterhin vor dem fantastisch breiten Bett und Gina lutschte ihm mit Leidenschaft den harten Prengel. Das war genau ihr Ding, wie ich wusste. Sie liebte es einfach, zu blasen, und hatte selbst mit dem Riesending von Steven keine Probleme. Und der genoss es sichtlich, dass ihm mal so richtig der Schwanz gelutscht wurde. *Das passt ja hervorragend,* schoss es mir durch den Kopf, *Kingsize-Bett und Kingsize-Schwanz, geiler geht's kaum!*

»Warte mal eben, ich animiere die zwei jetzt mal zum Stellungswechsel«, flüsterte Lilia mir zu, ließ meinen Schwanz los und kletterte zu Gina auf das große Bett. »So, ihr zwei Süßen, wir wollen mitmachen, also löst euch mal kurz voneinander!« Augenzwinkernd deutete sie in die Mitte des Bettes. Die beiden verstanden sofort, was Gina beabsichtigte, und waren offensichtlich nicht abgeneigt. Zu dritt machten sie es sich auf der Matratze bequem und die beiden Frauen nahmen Steven in ihre Mitte. Der griff sofort nach seinem Schwanz und drückte ihn verführerisch in die Höhe. Gina schien immer noch nicht genug vom Blasen zu haben und auch Lilia hatte jetzt ausschließlich Augen für den Kingsize-Schwanz. »Komm, der reicht für uns beide«, raunte sie Gina zu und schon verwöhnten sie ihn zusammen mit ihren Lippen und Zungen. Für einen Moment schien ich komplett abgemeldet, also genoss ich einfach das Schauspiel, das sich mir bot. Saugend, küssend und leckend machten die beiden Frauen sich über Stevens Ständer her und schienen alles andere vergessen zu haben. Doch dann schien meiner Frau doch noch aufzufallen, dass ich beschäftigungslos vor dem Bett stand, denn sie richtete sich auf alle viere auf und drehte ihren Arsch in meine Richtung. Auffordernd zog sie mit einer Hand ihre Schamlippen etwas auseinander. Beim Anblick ihrer rosafarbenen, vor Nässe glänzenden Pussy gab es für mich kein Halten mehr. Ich kniete mich hinter Gina, und ohne dass ich eine Hand zu Hilfe nehmen musste, konnte ich meinen Schwanz in sie einführen. Sofort war er in ihrer unfassbar nassen Möse verschwunden. Es fühlte sich so an, als hätte sie nur darauf gewartet, zu dem Schwanz in ihrem Mund auch endlich einen in die Pussy zu bekommen.

Ich hatte mit meiner Annahme wohl voll ins Schwarze getroffen. Obwohl ich mich nur ganz langsam bewegte, reichten ein paar vorsichtige Stöße aus, und sie wurde richtig wild. Lilia schien das auch mitbekommen zu haben, denn sie zog sich von Stevens Schwanz wieder zurück, begnügte sich vorerst mit Zuschauen und überließ den dicken Prengel ganz meiner sexhungrigen Frau. Die wollte jetzt härter gefickt werden und stieß mit ihrer Möse immer schneller gegen meinen Schwanz, während sie weiterhin an Stevens Prengel lutschte. Okay, wenn sie es so haben wollte, dann würde sie es so bekommen! Mit beiden Händen umfasste ich ihre Hüfte und fing an, richtig hart zu ficken. Ihr Orgasmus kam schnell und er war heftig. Ich konnte das Pulsieren in ihrer Pussy deutlich spüren und ihr ganzer Körper bebte, als sie ihre Lust mit unbändiger Energie einfach hinausschrie. Steven und Lilia sahen dem heftigen Ausbruch fasziniert zu und ich gab mir alle Mühe, selbst nicht abzuspritzen, was in dieser unfassbar geilen Situation wirklich nicht leicht war. Doch schließlich ebbte der Orgasmus ab und Gina ließ sich zwischen Steven und Lilia auf das Bett fallen. »Oh, wow, das war gut! Ihr seid echt die Besten!« Aufgedreht sah sie in die Runde. »Aber ehrlich gesagt, ich bin noch nicht fertig für heute.« Und schon hatte sie sich wieder aufgerichtet und ein Bein über den verblüfften Steven gelegt. »Ich will nämlich unbedingt noch mit dir ficken!«, informierte sie ihn ganz unverblümt. Grinsend sah Steven sie von unten an und richtete dann seinen Prengel mit einer Hand auf. »Dann komm mal her, meine Süße, ich bin bereit!«

Gina positionierte sich über Stevens Kingsize-Rohr und schloss die Augen. Langsam ließ sie sich auf seinen harten Schwanz hinabgleiten und ich konnte sehen, wie er Zentimeter für Zentimeter in ihrer nassen, aufnahmewilligen Pussy verschwand. Steven hatte seine Hände um ihre Pobacken gelegt und stützte sie ein bisschen ab, damit es nicht zu schnell ging. Ganz passte er eh nicht in sie, das wusste er aus Erfahrung, aber da es heute wohl überraschend gut flutschte, wurde aus langsamen Auf- und Ab-Bewegungen schnell ein intensives und leidenschaftliches Ficken.

Jetzt hatte Lilia scheinbar lange genug nur zugeschaut. Sie robbte vom Bett und während sie an mir vorbeihuschte, flüsterte sie mir zu: »Bin gleich wieder da!« Dann war sie im Bad verschwunden. Ich konnte mir denken, was sie da machte und als sie kurze Zeit später wieder herauskam, ohne Umschweife zum Bett ging und sich auf allen vieren dort positionierte, bestätigte sich meine Vermutung.

Mir bot sich ein traumhafter Anblick. Lilia hatte ihren Analplug entfernt und präsentierte mir vollkommen hemmungslos ihr wunderschön geöffnetes Poloch. Sie hatte ihren Kopf zu mir gedreht und sah mich über ihre Schulter mit verführerischem Blick an. »Jetzt habe ich lange genug zugeschaut. Willst du mich nicht endlich in den Arsch ficken?« Oh Mann, ich wollte gerade nichts lieber, als genau das! Ich kniete mich hinter sie und setzte meinen Schwanz an ihrem vorgedehnten Loch an. Behutsam schob ich erst meine Eichel und dann immer mehr von meinem Schwanz in sie. Es fühlte sich berauschend eng an, jedoch ohne, dass ich mich irgendwie hineinquetschen musste. Mein Rohr wurde intensiv gerieben und das Gefühl wurde immer geiler, je tiefer ich in sie eindrang. Lilia schien es auch zu genießen, sie hatte keinerlei Schwierigkeiten, meinen Schwanz aufzunehmen und leises Stöhnen begleitete meine Bewegungen. Sie ging jetzt richtig ab und machte aus ihrer Lust keinen Hehl. Auf Analsex musste sie bei ihrem Mann immer verzichten, denn dass Stevens Prengel nicht in ihren Arsch passte, stand außer Frage. Ich fand den Analsex jedenfalls genauso geil wie sie und gab ihr gern genau das, was sie brauchte. Und als sie mich nach kurzer Anlaufzeit aufforderte, sie härter zu ficken, hielt ich mich nicht mehr zurück. Mit harten Stößen trieb ich ihr meinen Schwanz in den Arsch und als ich dann auch noch eine Hand zwischen ihre Beine gleiten ließ und anfing, an ihrer Klit zu reiben, verlor sie die Kontrolle. Sie schrie einmal laut auf, dann krallte sie sich in das Kopfkissen und vergrub ihr Gesicht darin, womit sie mir eine noch geilere Aussicht bot. Ich konnte ihr Keuchen zwar nur noch gedämpft hören, aber es dauerte verdammt lange und ihr Orgasmus schien unglaublich heftig zu sein. Ich wartete ab, damit sie es richtig genießen konnte, obwohl mein Schwanz von der geilen Situation bis zum Bersten angespannt war. Dann richtete sie sich wieder auf und sah mich mit verschwitztem Gesicht an. »Los, jetzt kannst du es machen, wie du willst!« Das ließ ich mir nicht zweimal sagen. Mit einigen kräftigen Stößen brachte ich mich zum Orgasmus, zog meinen Schwanz im letzten Moment aus ihr heraus und schaffte es gerade noch, die erste Ladung direkt auf ihr Poloch zu spritzen. Ja, so mochte ich es, ihr offenes Poloch direkt vor meinen Augen, schoss ich mein Sperma über ihren gesamten Arsch und der Anblick war für mich so geil, dass ich ziemlich laut dabei wurde. Ein Schub nach dem anderen verteilte sich über und zwischen ihren Arschbacken, bis ich irgendwann keuchend und abgeschlafft wieder zur Besinnung kam. Mehr als befriedigt sank ich zusammen mit Lilia auf das Bett und wir konnten nicht anders und grinsten uns äußerst zufrieden an.

Jetzt hatten wir auch wieder Zeit, uns Gina und Steven anzusehen. Die beiden schien unsere kleine Nummer ziemlich angemacht zu haben. Sie trieben es so wild, wie es eben ging. Gina keuchte und stöhnte vor purer Geilheit und trieb Steven damit immer weiter an, nur um ihn dann wieder zu bremsen und fast darum zu betteln, es ihr nicht so heftig zu besorgen. Drosselte er jedoch sein Tempo zu lange, wurde sie umgehend wieder ungeduldig und forderte ihn auf, sie härter ranzunehmen, und genau das machte er dann. Er legte gerade wieder richtig los, als Gina ekstatisch aufschrie und es kein Halten mehr für sie gab. Steven hielt jetzt still, streichelte über ihre Brüste und Nippel und Gina bewegte sich genau so viel, wie sie es brauchte. Das reichte scheinbar aus, um auch Steven zum Orgasmus zu bringen. Er erstarrte kurz, begann dann heftig zu keuchen und trieb schließlich seine Latte laut stöhnend und mit schnellen, harten Stößen in Ginas klatschnasse Pussy. Ihr schien es jetzt nichts mehr auszumachen, denn sie hielt ihm ihre Möse einfach entgegen und ließ ihn machen. Geil, was für ein versauter Anblick, der nur noch ein ganz kleines bisschen getoppt wurde, als die beiden sich am Ende voneinander trennten und ich einen Blick zwischen Ginas Beine erhaschen konnte, als sie von Steven stieg. Dass das kein kleiner Schwanz war, der sie gerade gefickt hatte, war nicht zu übersehen … Völlig erschöpft und verschwitzt lagen die beiden jetzt neben uns.

Dass ich zu Beginn des heutigen Abends mal davon geträumt hatte, dass meine Frau es mir mit ihren schönen Füßen besorgen würde, war gerade vollkommen aus meinem Gedächtnis verschwunden. Ich kann aber so viel verraten, dass Gina mir schon am nächsten Tag, als wir zusammen den geilen Abend Revue passieren ließen, den erhofften Footjob bescherte.

Aber das ist eine andere Geschichte.

Die heisse Hippieparty

»Du riechst gut.« Zum ersten Mal höre ich seine Stimme und die klingt sanft und dunkel. Er steht hinter mir und mit seiner Nase und seinem Mund fährt er an meinem Hals entlang und atmet tief ein. Ich fühle, wie meine Nippel hart werden, und als er wie selbstverständlich seine Arme von hinten um mich legt, lehne ich mich bei ihm an, obwohl ich ihn überhaupt nicht kenne. Seine Hände streichen an meinen Armen entlang und ohne ein Wort zu sagen, drehe ich mich zu ihm um. Ich bin nicht besonders groß und ich stelle mich auf meine Zehenspitzen, um seinen Mund zu erreichen. Er kommt mir entgegen und als seine weichen Lippen auf meine treffen und seine Zunge nach meiner sucht, läuft ein Schauer meinen Körper entlang, der ein forderndes Ziehen in meiner Klit auslöst.

Kennt ihr das? Man sieht jemanden zum ersten Mal und alle Sinne springen an. Die Gedanken kreisen sofort darum, wie es wohl wäre, Sex mit diesem Fremden zu haben, und allein die Vorstellung löst eine körperliche Reaktion aus. Eine Gänsehaut bildet sich auf den Armen und man kann den Blick kaum noch von dieser einen Person abwenden. Alles an diesem Fremden ist anziehend, sein Aussehen, seine Art sich zu bewegen, seine Gestik und sein Lachen.

So ist es mir vor einer Stunde mit Darian ergangen, von dem ich nur deshalb weiß, wie er heißt, weil Nina, meine Freundin, natürlich gleich gemerkt hat, was los war, und mir grinsend seinen Namen ins Ohr geflüstert hat. Mal eben so im Vorbeigehen, bevor sie mit einem breitschultrigen Riesen, der aussah wie ein Wikinger, wieder aus meinem Blickfeld verschwunden ist. Und obwohl wirklich jede Menge los ist, hier auf dieser Party à la Woodstock, konnte ich seitdem meine Augen kaum noch von ihm losreißen. Aber ich habe mich zumindest bemüht, ihn halbwegs unauffällig zu beobachten.

***

Dass ich überhaupt hier bin, habe ich einzig und allein Ninas Hartnäckigkeit zu verdanken. Als sie vor zwei Wochen fragte, ob ich nicht Lust hätte, sie auf eine ganz spezielle Veranstaltung zu begleiten, habe ich erst mal abgelehnt. Eine Party mitten im Wald, an einem See, mit Lagerfeuer und Hippiemusik, das hörte sich für mich nicht besonders reizvoll an. Ich stellte mir warme Getränke, kaltes Essen und jede Menge komischer Leute vor, die den ganzen Abend tiefgründige Gespräche führen würden. Was sollte ich denn da? Und als sie mir dann auch noch eröffnete, dass alle Gäste in Zelten schlafen würden, stand für mich fest, dass sie da schön allein hingehen konnte. Ich kenne das doch, jede einzelne Mücke des Waldes würde mich finden und am nächsten Tag würde ich aussehen, als ob ich die Windpocken hätte!

Also lehnte ich erst mal kategorisch ab. Aber irgendwie hat sie es doch geschafft, mir das Ganze schmackhaft zu machen. Und ehrlich gesagt, seit ich wieder solo bin, sind meine Wochenenden nicht besonders abwechslungsreich und mein Sexleben ist so interessant wie eine Pizza Margherita – allerdings ohne Tomaten und Käse. Daran ändert auch mein Vibrator nichts, den ich zwar sehr regelmäßig benutze, der meiner Meinung nach aber einen echten Schwanz einfach nicht ersetzen kann. Also habe ich mich von Nina überreden lassen und mir vorgenommen, total aufgeschlossen an die Sache heranzugehen. Ich habe mir ein kurzes, buntes Kleid und goldfarbene Sandalen angezogen, eine Kette aus Holzperlen umgehängt und mir eine Blume in meine langen braunen Haare gesteckt. Nina hat mich von zu Hause abgeholt und tatsächlich, seit wir hier vor zwei Stunden angekommen sind, habe ich noch nichts gefunden, über das ich meckern konnte.

Ninas Zelt aufzubauen, war überhaupt kein Problem. Zusammen mit vielen anderen Zelten und sogar ein paar Campingbussen, steht es jetzt am Rand einer großen Lichtung, in deren Mitte ein Lagerfeuer brennt. Wir haben unsere Sachen verstaut und dann hat Nina mich den Gastgebern und vielen anderen interessanten Leuten vorgestellt, und bisher habe ich noch kein einziges tiefgründiges Gespräch geführt, dafür aber schon eine Menge Spaß gehabt. Es ist warm, der See glitzert in Sichtweite und er sieht ziemlich einladend aus. Es sind viel mehr Leute hier, als ich erwartet habe und es herrscht eine total fröhliche und ausgelassene Stimmung. Die Getränke kommen aus einem Kühlwagen und das Büffet, das auf einem Tapeziertisch aufgebaut ist, schmeckt köstlich, ich habe fast alles schon probiert. Aus zwei Boxen klingt Hippiemusik, viele wilde und zugleich tanzbare Stücke sind dabei und von Anfang an konnte ich der mitreißenden Musik kaum widerstehen. Ich bin ständig in Bewegung, wippe im Takt, drehe mich und lasse mich von der Begeisterung der anderen Gäste anstecken.

Alle sind total locker hier, es wird getanzt, getrunken und gefeiert, und das Lagerfeuer und der nahe See geben dem Ganzen eine ganz besondere Atmosphäre.

***

Und jetzt stehe ich also hier, knutsche mit Darian und bekomme nicht mehr viel von dem Geschehen um mich herum mit. Der Moment vorhin, in dem er plötzlich hinter mir stand, und mir »Du riechst gut« ins Ohr geflüstert hat, während er mit seiner Nase und seinem Mund an meinem Hals entlanggestrichen ist, hallt immer noch in mir nach und sorgt dafür, dass meine Gänsehaut gar nicht mehr verschwinden will.

Er küsst fordernd und ich gehe darauf ein. Eine wilde Knutscherei entsteht, seine Hände streichen an meinem Körper entlang und als ich mich gegen ihn drücke, kann ich seinen angeschwollenen Schwanz durch mein dünnes Kleid fühlen. *Wow, der geht ja ganz schön ran*, denke ich, aber ich muss auch gestehen, dass das ziemlich gut zu dem drängenden Kribbeln zwischen meinen Beinen passt und mich überhaupt nicht stört. Die Aussicht darauf, heute vielleicht mal wieder etwas anderes als meinen Vibrator in meiner Pussy zu spüren, ist äußerst reizvoll. Wir legen eine kleine Knutschpause ein und er grinst mich an. »Hi, ich bin Darian.«

»Ich weiß«, verrate ich ihm unbeabsichtigt und er quittiert es mit einem zufriedenen Lächeln. Was für ein verdammt attraktiver Mann! Von Nahem sieht er tatsächlich noch besser aus als von Weitem! Er ist groß und schlank, hat dichte, braune Haare, die sich leicht wellen, und grüne Augen. Und sein Lächeln ist einfach unwiderstehlich! Weil ich nichts sage, ergreift er wieder das Wort. »Und wie heißt du, süße Unbekannte? Wenn du mich schon ununterbrochen beobachtest, könntest du mir doch vielleicht wenigstens deinen Namen verraten.«

Ups, meine Beschattung war wohl doch nicht ganz so unauffällig, wie ich mir eingebildet habe. Meine Wangen fangen leicht an zu glühen, aber ich tue so, als ob ich seine Bemerkung gar nicht gehört hätte. Ich sage ihm meinen Namen, Felicitas, und, dass er mich natürlich Fee nennen kann, wie eigentlich alle das machen.

»Fee, ein schöner Name«, stellt er fest. Und schon knutschen wir weiter, bewegen uns langsam im Takt der Musik und drücken uns aneinander. Es fühlt sich total gut an, endlich mal wieder von einem Mann umfasst zu werden, der mir wirklich gefällt. Und dass ich so deutlich spüren kann, dass ich ihm ebenfalls gefalle, macht mich tierisch an. Keuchend lösen wir uns irgendwann wieder voneinander. »Komm, lass uns woanders hingehen.« Er blickt mich zwar fragend an, aber ich glaube, er weiß genau, dass er mit dieser Aufforderung offene Türen bei mir einrennt.

Es wird langsam dunkel und ohne dass wir uns absprechen müssen, laufen wir Richtung See. Natürlich sind wir nicht die einzigen, die diese Idee hatten und es ist einiges los am Ufer. Ein Paar liegt knutschend und fummelnd auf einer mitgebrachten Picknickdecke, und eine Gruppe von fünf oder sechs Leuten steht nackt im flachen Wasser und spritzt sich lachend und quiekend gegenseitig nass.

So hatte ich mir das natürlich nicht vorgestellt! »Und nun?«, frage ich Darian. Doch der grinst nur. »Ich kenne eine schöne Stelle hier am Ufer, da sind wir ungestört. Man kann allerdings nur hinschwimmen.« Und schon läuft er los, zieht sich im Laufen sein T-Shirt über den Kopf und stoppt nur noch einmal kurz vor dem Wasser, um Hose und Schuhe abzustreifen. Dann springt er nackt in den See. Im dämmerigen Licht kann ich seinen runden Hintern so gerade noch erkennen, aber das reicht als Startsignal für mich natürlich völlig aus. »Warte!«, rufe ich noch und unter dem Gejohle und Geklatsche der Fünfergruppe schlüpfe ich aus meinen Sachen und springe ihm hinterher.

Das Wasser ist kalt, aber ich bin eine gute Schwimmerin und nach ein paar Zügen habe ich Darian eingeholt. Schwimmend versuchen wir noch ein bisschen zu knutschen, aber da wir dabei fast untergehen, trennen wir uns lachend wieder voneinander.

»Komm, es ist nicht weit!« Zielstrebig schwimmt er los und ich folge ihm. Es dauert wirklich nicht lange und vor uns liegt eine von Bäumen umrandete Uferstelle, die ich in der Dämmerung so gerade noch sehen kann. Wir verlassen das Wasser und unter meinen Füßen spüre ich weiches Gras. Leise klingt die Hippiemusik zu uns herüber und man kann den Schein des Lagerfeuers von hier aus sehen. Endlich bin ich mit ihm allein und ich lasse mich lachend auf das Gras fallen und ziehe ihn mit. Sein Mund sucht meine Nippel, die sich im kalten Wasser zusammengezogen haben und hart nach vorn abstehen. Mit seiner warmen Zunge umspielt er sie, während eine Hand langsam an meinem Körper heruntergleitet. Willig öffne ich die Beine und greife gleichzeitig mit meiner Hand nach seiner Latte. Ich schiebe die Vorhaut zurück, umfasse erst die pralle Eichel und erkunde dann den ganzen Schwanz. Er fühlt sich hart und gut und sehr fickbereit an. Ich bin so geil, ich will ihn unbedingt in mir spüren, ich hatte viel zu lange keinen Mann mehr! Darians Finger sind inzwischen an meiner Pussy angekommen und ich dränge mich ihm entgegen, als er die Schamlippen auseinanderzieht und mit zwei Fingern in mich eindringt. Er stößt vorsichtig vor und zurück und als er seine Finger wieder herauszieht, folgt ihm ein Schwall warmer Nässe. »Wow, das fühlt sich geil an«, flüstert er und dann wandern seine nassen Finger zwischen meinen Schamlippen nach oben bis zu meinem Kitzler, verteilen meinen Saft und umkreisen meine empfindlichste Stelle. Ich halte das nur ein paar Sekunden aus, dann muss ich seine Hand wegschieben, sonst würde es mir kommen. *Zu lange kein Sex,* schießt es mir durch den Kopf. Ich will jetzt mit ihm vögeln, meine Körper schreit förmlich danach und so hart, wie sein Schwanz mittlerweile ist, habe ich keine Zweifel daran, dass er genau das Gleiche will. Und ich habe eine sehr genaue Vorstellung davon, wie ich gevögelt werden will. Ich schiebe Darian ein Stück zur Seite, gehe auf alle viere und stelle meine Beine auseinander. Er ist sofort hinter mir, umfasst mit einer Hand meine Hüfte und führt mit der anderen seine Eichel an meiner Pussy entlang. Dann dringt er ungestüm und fordernd in mich ein und ich stöhne laut auf, so geil fühlt sich das an. Ich liebe es, von hinten gefickt zu werden. Es gibt keine Stellung, in der ich einen Schwanz intensiver fühle, und Darians harter Prengel ist genau das, was ich jetzt brauche. Er ist genauso geil wie ich, fickt schnell und hart und bei jedem seiner Stöße schreie ich vor Lust auf. Ich fühle, wie sich schnell und unaufhaltsam ein Orgasmus anbahnt, fiebere dem Moment entgegen und weiß, dass ich nicht lange darauf warten muss. »Ja, mach's mir«, stoße ich noch laut keuchend aus und dann ist es soweit. Ich werfe den Kopf nach hinten und gebe mich ganz dem unglaublich geilen Beben und Zucken hin, das unaufhaltsam durch meinen Kitzler und meine nasse, heiße Pussy strömt, die sich immer wieder zusammenzieht und dabei Darians Schwanz eng und fest umschließt. Den heftigen Wellen kann er sich nicht entziehen und als er für einen Moment aufhört sich zu bewegen, weiß ich, dass es ihm ebenfalls kommt. Stöhnend schießt er sein Sperma in mich, bewegt sich dabei nur noch ganz langsam und scheint jede Sekunde intensiv auszukosten. Plötzlich ist es ganz still, keiner von uns beiden gibt noch einen Laut von sich und als er seinen Schwanz aus mir herauszieht, lassen wir uns nebeneinander ins Gras fallen. Ich muss ein bisschen kichern. »Oh Mann, das habe ich gebraucht. Ich hoffe, das war nicht allzu offensichtlich.«

»Nein, überhaupt nicht«, gibt er grinsend zurück. Und dann schiebt er noch hinterher: »Ich fand's ziemlich geil, dass du es so nötig hattest!«

Lachend boxe ich in seine Rippen. »Jetzt mach hier mal nicht auf unschuldig, bei dir war es auch nicht viel anders!«

»Jetzt hast du mich erwischt, ich gebe es zu!« Darian beugt sich zu mir und flüstert dann in mein Ohr: »Und ich hätte auch nichts gegen eine zweite Runde einzuwenden.« Ja, genau das will ich hören! Allerdings wird mir langsam kalt und deshalb beschließen wir zurückzuschwimmen, und uns in Ninas Zelt weiter zu vergnügen. Noch einmal ins kalte Wasser zu springen, ist jetzt gar nicht so leicht, aber die Aussicht auf einen weiteren geilen Fick mit Darian ist ein ziemlich guter Antrieb. Zusammen laufen wir ins Wasser und schwimmen zurück.

Unsere Sachen liegen glücklicherweise noch dort, wo wir sie abgelegt haben und schnell schlüpfen wir hinein. Alles klebt ein bisschen auf der nassen Haut, aber was soll's, es ist ja nicht für lange.

Die Stimmung auf der Party hat sich inzwischen geändert, das ist eindeutig zu erkennen, als wir uns dem Lagerfeuer wieder nähern. Die Musik ist jetzt sehr laut, fast alle tanzen, es wird wild geknutscht und einige der Frauen haben ihre Oberteile abgelegt und lassen ganz ungehemmt ihre Brüste im Takt der Musik wippen, was den anwesenden Männern offensichtlich sehr gut gefällt. Über dem Ganzen liegt ein leichter Duft nach Marihuana und ein stärkerer nach ungezügelten Trieben.

»Wow, hier ist ja ganz schön was los!« Erstaunt sehe ich mich um. »Ich glaube, wir sind nicht die einzigen, die gleich im Zelt liegen!«

Ich ziehe Darian hinter mir her, weg von dem Lagerfeuer. »Hier ist es.« Wir knien uns vor den Zelteingang und ich ziehe ungeduldig den Reißverschluss auf. Mist, was ist denn das? Eine helle Lampe erleuchtet das Zelt und das erste, was ich sehe, ist Ninas weißer, wohlgeformter Hintern. Sie sitzt breitbeinig auf dem Wikinger, der sie mit einem unglaublich großen Prengel von unten fickt. Ihrem lauten Stöhnen nach zu beurteilen, scheint ihr das ziemlich gut zu gefallen. Jetzt hat der Wikinger uns bemerkt und gibt Nina ein Zeichen. Ganz cool dreht sie sich zu uns um. »Sorry, aber hier ist schon besetzt. Da müsst ihr euch wohl ein anderes Plätzchen suchen!« Und schon fängt der Kerl wieder an, sie wie wild zu ficken.

Schnell schließe ich den Reißverschluss wieder. Im Dunkeln kann ich Darian grinsen sehen und ich kann mir ein albernes Kichern auch nicht verkneifen. »Und nun?« Fragend blicke ich ihn an. »Dann müssen wir wohl in mein Zelt gehen. Ich hoffe mal, dass mein Kumpel sich noch beim Tanzen vergnügt!«

Ich laufe im Dunkeln hinter ihm her und als er vor einem Zelt in die Hocke geht und den Eingang öffnet, bete ich innerlich, dass sein Kumpel sich irgendwo im Feierrausch möglichst weit weg von diesem Zelt befindet. Oder besser noch, zusammen mit einem sexbesessenen Hippiemädchen, das ihn nicht mehr aus ihren Fängen lässt und in einem anderen Zelt Unterschlupf gefunden hat.

Das Gebet scheint angekommen zu sein, denn Darian krabbelt ins Zelt und schnell folge ich ihm. Er macht eine kleine Lampe an und schon ist alles in ein angenehmes warmes Licht getaucht. Die Jungs legen offensichtlich Wert auf Komfort, denn beide haben statt eines Schlafsacks ihre Kopfkissen und Oberbetten mitgebracht. *Umso besser*, denke ich und ohne zu zögern, ziehe ich mir mein klammes Kleid über den Kopf und schlüpfe aus meiner Unterwäsche. Darian ist genauso schnell nackt wie ich und er lässt sich rücklings in die Kissen fallen. Ich knie vor ihm und im Lichtschein betrachten wir uns gegenseitig. Zum ersten Mal kann ich seinen Körper richtig sehen und der Anblick macht mich ziemlich an. Vorhin war es schon zu dunkel und ich musste mich aufs Tasten beschränken. Dass er sportlich und durchtrainiert ist, weiß ich schon, aber jetzt bekomme ich noch mehr geboten. Er hat ein großes Tattoo auf seiner Brust, einen Adler, der die Schwingen bis zu Darians Schultern ausbreitet und verdammt cool aussieht. Und ich kann jetzt auch endlich seinen Schwanz sehen, der auf seinem muskulösen Bauch liegt. Ich mag es, wenn ein Schwanz gerade ist und nicht zu dunkel und genau das sehe ich direkt vor mir. Obwohl wir uns noch nicht wieder berührt haben, ist er schon angeschwollen und ich bekomme sofort Lust, ihn zu blasen.

Darian liegt mit verschränkten Armen vor mir und betrachtet mich. Sein Blick wandert über meine kleinen Brüste, die schlanke Taille und den flachen Bauch. Ich bin klein und zierlich, habe eher eine Teenagerfigur, obwohl ich schon achtundzwanzig bin. Nina sagt immer, dass ich ein bisschen aussehe wie eine Puppe, aber ich weiß, dass es nicht wenige Männer gibt, denen das gefällt. Darian gehört wohl dazu. »Du siehst toll aus!« Sein Schwanz zuckt ein bisschen, als er das sagt, also muss ich wohl nicht zweifeln, ob er es auch so meint. »Du auch!« Ich beuge mich vor und küsse seinen Bauchnabel. Mein Kinn streift seine Eichel dabei und ich fühle die Hitze, die von ihr ausgeht. Mit dem Mund wandere ich abwärts, meine Lippen berühren die Spitze seines Schwanzes und dann bewege ich mich küssend weiter nach unten, an seinem Schaft entlang bis zum Ende. Darian stöhnt leise. Mit einer Hand umfasse ich seinen Schwanz, mit der anderen seine Eier. Ich massiere sanft, während ich mir den harten Prengel langsam in den Mund schiebe. Gefühlvoll sauge ich mich erst fest, dann lasse ich den Schwanz rein und raus gleiten, während meine Hände ihre sanften, massierenden Bewegungen weiter ausführen. Innerhalb von einer Minute ist er knallhart und ich habe den salzigen, leicht bitteren Geschmack eines ersten Spermatropfens auf der Zunge. Ich ziehe mich zurück und setze mich auf. Darian schaut mich mit verklärtem Blick an. »Oh, wow, das war geil. Kannst du das noch mal machen?« Ich beuge mich wieder vor, meine Hände legen sich um seine Eier und seinen Schwanz und ich mache es ihm genauso, wie ich es gerade gemacht habe, noch einmal. Sein hartes Rohr fühlt sich einfach nur geil an in meinem Mund, ich kann fühlen, wie es nach ein paar Sekunden noch härter wird, als es sowieso schon ist. Dann umfassen seine Hände plötzlich mein Gesicht und schieben mich sanft nach oben. »Halt, warte! Du machst das so gut, so kommt's mir.« Er zieht mich über sich und wir küssen uns. Seine Haut ist jetzt warm, fast heiß, und auf seiner breiten Brust zu liegen, fühlt sich unglaublich gut an. Er hat seine Arme um mich geschlungen, sein Schwanz drückt gegen meine Pussy und von seinen verlangenden Küssen geht eine animalische Männlichkeit aus. Meine Klitoris pocht und ich fühle, wie die Nässe aus mir herausläuft. Das Wissen, dass es sich dabei um eine Mischung aus meinem Saft und seinem Sperma handelt, macht mich unglaublich an. »Komm, fick mich«, stöhne ich. Er umfasst mich noch fester. »Der Anblick, wie dieser Kerl deine Freundin gefickt hat, war echt heiß«, flüstert er. »Lass es uns auch so machen.« Sofort setze ich mich auf. Ja, das war wirklich ein geiler Anblick vorhin und der Gedanke an die Szene direkt vor meinen Augen jagt eine heiße Welle durch meinen Unterleib. Mit gespreizten Beinen knie ich mich über Darian und er greift nach seinem harten Rohr und richtet es auf. Er streicht mit der Eichel durch meine Spalte und drückt sich dann in das nasse Loch. Ich lasse mich ein Stück tiefer sinken, stütze mich mit den Händen auf seiner Brust ab und überlasse ihm die Arbeit. Mit harten Stößen fickt er in mich, manchmal komme ich ihm ein Stück entgegen, einfach weil es sich so geil anfühlt. Als sein Keuchen lauter wird, übernehme ich die Regie und ficke ihn. Ich lasse es langsamer angehen, schiebe meine Becken vor und zurück, lasse seinen Schwanz fast komplett aus mir gleiten und dann langsam wieder rein. Seine Hände umfassen meine Brüste und er reibt meine Nippel zwischen Daumen und Zeigefinger. Ein Schauer der Erregung durchläuft meinen Körper, ich stöhne und dränge mich ihm entgegen. Er zieht und dreht jetzt fester, umfasst immer wieder meine Brüste mit seinen Händen und knetet und drückt, nur um sich danach wieder intensiv mit meinen Nippeln zu beschäftigen. Während der ganzen Zeit schiebe ich mein Becken langsam weiter vor und zurück und genieße das ziehende, pochende, verlangende Gefühl in meinem Kitzler, das er durch seine Hände an meinen Brüsten und Nippeln auslöst. Doch dann merke ich, dass ihn das offensichtlich genauso anmacht wie mich. Sein Schwanz fühlt sich plötzlich knüppelhart in meiner Pussy an und vorsichtshalber stoppe ich meine Bewegungen. Doch es ist zu spät, er blickt mich mit großen Augen an und dann fickt er laut stöhnend einfach los. Er umklammert meine Hüften, stößt wild zu und während er sein Sperma in mir abspritzt, drückt er sich keuchend immer tiefer in mich und hört erst auf zu ficken, als nichts mehr kommt. Tja, das ging jetzt etwas zu früh los für mich, aber manchmal ist es eben so im Eifer des Gefechts …

Ich lasse mich neben ihn fallen und er schaut mich ein bisschen schuldbewusst an. »Sorry, ich konnte mich nicht mehr zurückhalten. Es hat sich einfach alles so geil angefühlt.« Und dann legt er nach: »Du hast selbstverständlich noch einen Orgasmus bei mir gut.« Wir prusten beide los. »Das hört sich gut an«, antworte ich kichernd, »dann muss ich mal schauen, wo ich den noch dazwischen kriege!«

Jetzt grinst er nicht mehr. »Nein, im Ernst. Ich würde dich gern wiedersehen …«

Oh Mann, wie geil ist das denn? Mein Herz macht einen Hüpfer. *Danke, Nina*, denke ich nur, *danke, dass du mich auf diese langweilige Hippieparty geschleppt hast!*

Verkehrskontrolle – Hier wird nicht nur geblasen

Tanja drückte beherzt das Gaspedal durch, erreichte die Ampel gerade noch rechtzeitig und bog schnittig in die verkehrsberuhigte Zone ein, in der sie wohnte. Dass sie hier nur Schrittgeschwindigkeit fahren durfte, war ihr ein Graus und nervte sie jedes Mal aufs Neue. Was sollte sie machen? Geschwindigkeit lag ihr nun mal im Blut, eigentlich in allen Lebenslagen und beim Autofahren halt ganz besonders. Hier war doch eh nie etwas los, keine spielenden Kinder oder älteren Fußgänger, auf die es aufzupassen galt, also gab sie Gas, schließlich hatte sie heute noch was vor und wollte ja irgendwann auch mal Zuhause ankommen.

Ihr Haus lag ganz am Ende der verkehrsberuhigten Zone und auf den letzten hundert Metern kam ihr die Straße so was von ausgestorben vor, dass sie sogar noch ein bisschen mehr Gas gab. Den weißen Transporter sah sie erst im letzten Moment, in ihren Gedanken bereitete sie nämlich schon den heißen Abend vor, den sie heute mit ihrem Mann zu verbringen gedachte, und sie rauschte zügig daran vorbei.

Oh nein, war das eine Täuschung gewesen oder hatte sie tatsächlich aus den Augenwinkeln gerade noch eine Polizeikelle wahrgenommen, die hektisch geschwungen wurde? Ein Blick in den Rückspiegel genügte, um zu sehen, wie der Polizeibeamte schleunigst in den Wagen stieg, um die Verfolgung aufzunehmen.

Na toll, fünfzig Meter von ihrer Haustür entfernt war sie in eine Geschwindigkeitskontrolle geraten, das war ja kaum zu toppen, außer vielleicht damit, dass sie sie noch nicht mal bemerkt hatte!

Sie ließ den Wagen ausrollen und bog auf ihren Stellplatz ein. Genervt stieg sie aus und blickte dem anrollenden Polizeiwagen mit verschränkten Armen und bösem Blick entgegen. Ausgerechnet jetzt kam es zu dieser ärgerlichen Verzögerung. Da konnte sie nur hoffen, dass diese blöde Sache möglichst schnell beendet sein würde und sie endlich ins Haus zu ihrem Mann kam. Schließlich wartete der schon sehnsüchtig auf sie.

Vielleicht war es doch besser, ein freundliches Gesicht zu machen, überlegte sie sich. Also riss sie sich zusammen, versuchte etwas netter zu gucken und öffnete geistesgegenwärtig noch schnell den obersten Knopf ihrer weißen Bluse, damit der Ansatz ihrer vollen Titten auch gut zu sehen war. Vielleicht hatte sie ja Glück und die Beamten ließen sich milde stimmen.

***

Nachdem sie ihre ausgedehnte Shoppingtour für diesen Samstag eigentlich schon beendet hatte, hatte sie sich zum Schluss doch noch ein kleines Highlight gegönnt und ein paar richtig ordinär verruchte Dessous eingekauft. Schon bei der Anprobe dieser reizvollen Unterwäsche wurde sie scharf. Besonders hatte es ihr eine knallrote Kombination angetan, bei der ein prüfender Blick in den Spiegel schon ausgereicht hatte, um sie geil werden lassen. Bereits in der Umkleidekabine hatte sie sich vorgestellt, wie ihr Mann wohl darauf reagieren würde und der Drang, schnell nach Hause zu kommen, wurde immer stärker. Sie konnte förmlich spüren, wie er sich ihr näherte und seinen dicken Prengel gegen sie drückte, um sie zu ficken. Also hatte sie zum Handy gegriffen und ihm ein paar ziemlich versaute WhatsApp-Nachrichten geschickt, gekrönt von einem Foto, auf dem sie ihre Finger in das Höschen geschoben hatte. Schließlich sollte er auf keinen Fall auf die Idee kommen, aus irgendeinem Grund das Haus zu verlassen, bevor sie mit ihm fertig war.

Erwartungsgemäß war er sofort voll darauf angesprungen und hatte ihr keine Minute später ein Foto von seinem knallharten Schwanz zurückgeschickt. Garniert hatte er das Ganze mit ein paar Andeutungen darüber, was er gleich alles mit ihr anstellen würde. Oh ja, genau so brauchte sie es, er sollte alles andere für einen geilen Fick mit ihr sofort stehen und liegen lassen. Geduld war nicht gerade ihre Stärke, auch beim Sex nicht, und bedauerlicherweise würde es noch fünfundvierzig Minuten dauern, bis sie zu Hause wäre. Viel zu lang. Also hatte sie die Dessous schnell bezahlt, war in ihr Auto gesprungen und hatte Gas gegeben.

***

Und nun also diese blöde Verkehrskontrolle! Die konnte sie so was von gar nicht gebrauchen! Schließlich war sie sich ziemlich sicher, dass ihre Pussy vor lauter Vorfreude jetzt schon klatschnass war. Und irgendwie hatte sie das dumme Gefühl, dass sie vielleicht etwas übertrieben hatte, indem sie einfach weitergefahren war und sich auf ihren Stellplatz gestellt hatte …

So ein Mist. Der weiße Transporter hielt neben der Einfahrt zu ihrem Haus und zwei Polizisten stiegen aus. Meine Güte, was waren das denn für Riesen? Zwei solche Kanten hatte sie bei der Polizei wirklich noch nie gesehen, die machten mit ihrer Figur ihrer Zunft aber alle Ehre und das konnten auch ihre Uniformen nicht verbergen, die sich über den Muskelbergen deutlich spannten. Die Streifenpolizisten, die ihr bisher begegnet waren, hatten alle vollkommen anders ausgesehen und sie erwischte sich dabei, dass ihr Mund ein bisschen offen stand. Schnell schloss sie ihn wieder und sah schwer beeindruckt und ein bisschen aufgeregt den beiden Männern entgegen, die sich ihr mit langsamen Schritten näherten. Beide waren sicher über eins neunzig groß, breitschultrig und sahen irgendwie aus, als wären sie einem brandgefährlichen Sondereinsatzkommando entsprungen.

Würde sie jetzt nicht gerade vor ihrer eigenen Haustür stehen und wären die Umstände andere, wäre sie durchaus nicht abgeneigt gewesen, den beiden ein wenig einzuheizen. Männer in Uniformen waren ihr Ding, da konnte sie richtig wild werden, und wenn es sich dann auch noch um zwei solche Prachtexemplare handelte, erst recht. Im Moment war es aber eindeutig klüger, kleine Brötchen zu backen, die beiden würden sicherlich nicht gerade amüsiert von ihrem Verhalten sein.

Die Polizisten kamen näher und jetzt konnte sie auch den strengen Gesichtsausdruck in ihren Gesichtern erkennen. Sie musterten sie von oben bis unten und ihr fiel auf, dass ihre Blicke immer wieder an ihrem tiefen Dekolleté hängen blieben. War vielleicht eine ganz gute Idee gewesen, den Knopf noch schnell zu öffnen …

Sie bauten sich vor ihr auf und der etwas Größere von beiden fing an zu sprechen: »Guten Tag, Führerschein und Fahrzeugpapiere, bitte!« Er sah sie streng an. »Sie wissen schon, dass Sie deutlich zu schnell gefahren sind?«

Tanja machte ein schuldbewusstes Gesicht. »Tut mir leid, aber ich war gerade etwas gedankenverloren und habe nicht auf die Geschwindigkeit geachtet! War ich denn viel zu schnell unterwegs, meine Herren?«

Gleichzeitig fing sie an, in ihrer Handtasche nach der kleinen Mappe mit ihren Papieren zu kramen, konnte sie aber nicht finden. Mist, das lief hier gerade überhaupt nicht gut und langsam wurde sie nervös.

»Einen Moment bitte, also ich kann meinen Führerschein gerade nicht finden!« Sie drehte sich zu ihrem Auto um, öffnete die Beifahrertür und durchsuchte mit rotem Kopf das Handschuhfach, wurde aber auch dort nicht fündig, denn jetzt fehlte auch noch jede Spur vom Fahrzeugschein. Das gab es doch überhaupt nicht, der lag doch immer hier! Jetzt musste dringend eine neue Strategie her, sonst würde das hier ein Fiasko werden und sie konnte den geilen Abend mit ihrem Mann vergessen. Also kramte sie noch etwas länger als nötig im Handschuhfach herum und präsentierte den beiden Ordnungshütern ihr provozierend wackelndes, knackiges Hinterteil, das glücklicherweise in einem eng geschnittenen, kurzen Rock steckte. Ein wenig Ablenkung war jetzt sicherlich genau die richtige Taktik, denn schließlich standen die Typen direkt hinter ihr und ihre weiblichen Reize verfehlten eigentlich nie ihre Wirkung beim männlichen Geschlecht.

Im nächsten Moment spürte sie eine kräftige Hand an ihrem Po, die ziemlich ungeniert einfach ihre Rundungen ertastete und sich wie selbstverständlich weiter in Richtung ihrer Beine bewegte. Vollkommen perplex hörte sie mit der Kramerei im Handschuhfach auf. Das war ihr nun doch deutlich zu dreist. Schnell kam sie aus ihrer unvorteilhaften Position hoch und wollte den beiden gerade ziemlich deutlich mitteilen, was sie von solch einer Frechheit hielt, da sah sie aus dem Augenwinkel heraus ihren Mann im Hauseingang stehen. Mit verschränkten Armen und einem amüsierten Grinsen im Gesicht, schaute er sich in aller Seelenruhe an, was da gerade in seiner Hauseinfahrt passierte.

Oh nein, wie konnte sie nur so blöd sein! Da wehte der Wind also her! Er steckte hinter der ganzen Sache, das wurde ihr schlagartig klar, und sie war doch tatsächlich in seine kleine Falle getappt. Das änderte natürlich alles und ihr Ärger wandelte sich von einem Augenblick auf den anderen in erwartungsvolle Vorfreude um.

Dies hier war nicht ihr erstes Rollenspiel, aber diese kleine Inszenierung hatte er wirklich perfekt eingefädelt, das musste sie ihm lassen. Bisher war sie im Vorfeld eines Rollenspiels immer eingeweiht und auf alles vorbereitet gewesen. In dieser unangekündigten Form hatten sie es noch nie gemacht und sie war hellauf begeistert von seiner Idee.

Im Laufe ihrer Beziehung hatten sie und ihr Mann ein Faible für solche Spiele entwickelt. Manchmal spielten sie nur zu zweit, aber oft fädelte ihr Mann es auch so ein, dass noch eine dritte, ihr unbekannte Person dazu kam, die dann die zweite Hauptrolle spielte. Sie fand es megageil, ihr Gegenüber überhaupt nicht zu kennen, das machte das Spiel realer und am Ende hatte ihr Mann auch immer was davon, denn wenn sie wieder allein waren, hielt ihre Geilheit noch sehr lange an. So ein Rollenspiel war genau der Adrenalinkick, den sie ab und zu brauchte und ihr Mann arrangierte das gern für sie, schließlich gab es ihrer Beziehung schon seit Jahren eine ganz besondere Spannung.

»Hier scheinen Ihre Papiere ja nicht zu sein«, meldete sich jetzt wieder der Polizist in strengem Ton zu Wort. »Vielleicht sollten wir mal im Haus nachschauen.«

»Ja«, antwortete sie mit schüchterner Stimme, »das sollten wir wohl machen. Da werden sie ja sicherlich sein.«

Schnell schnappte sie sich noch ihre Einkaufstaschen und schon hatten die beiden Hünen sie in die Mitte genommen und Richtung Haus bugsiert.

Jetzt war sie schon voll bei der Sache und es machte sie unglaublich geil, die Hauptperson bei dieser kleinen Inszenierung zu sein. Kaum hatten sie das Haus betreten und die Tür hinter sich geschlossen, richtete ihr Mann das Wort an sie. Sein geil aufgeregter Unterton in der Stimme war dabei nicht zu überhören.

»Tja, meine Liebe, mir scheint, die Herren von der Polizei müssen dir eine kleine Nachhilfestunde in Sachen Verkehrssicherheit geben! Wie oft habe ich dir schon gesagt, dass du hier viel zu schnell unterwegs bist? Aber du wolltest ja nicht hören!«

»Ja, du hast ja recht, ich habe Mist gebaut! Sicher werde ich jetzt auf meine Verkehrstauglichkeit hin geprüft, nicht wahr?« Fragend sah sie ihn an.

»Das liegt ganz im Ermessen der beiden Herren hier, da habe ich kein Mitspracherecht«, gab er zurück. »Und es wird sicherlich ganz wesentlich von deinen Überzeugungskünsten abhängen, ob die Staatsmacht hier eventuell noch mal ein Auge zudrücken kann, meine Liebe! Aber wenn du dir die zwei mal richtig anschaust, wirst du mir sicherlich Recht geben, dass es besser ist, ihren Anweisungen unbedingt Folge zu leisten!«

Die beiden Gesetzeshüter nickten zustimmend. »Und zur besseren Orientierung für Sie, erfahren Sie jetzt auch unsere Namen«, informierte der eine sie. Er deutete auf seinen dunkelhaarigen Kollegen. »Das ist Mr. Black und ich bin Mr. Blonde«, fuhr er fort, »und wenn das hier glimpflich für Sie ausgehen soll, empfehle ich Ihnen, unbedingt zu kooperieren!«

Jetzt mischte sich ihr Mann noch einmal ein. »Selbstverständlich werden wir kooperieren. Meine Frau wird alles tun, damit Sie von einer Anzeige wegen ihres Fehlverhaltens absehen, nicht wahr, mein Schatz?« Und ohne eine Antwort von ihr abzuwarten, deutete er zur Treppe, die in das Obergeschoss führte. »Bitte, hier entlang.«

Tanja spürte das Kribbeln zwischen ihren Beinen, als Mr. Blonde sie an einem Arm packte und sie die Treppe hinauf dirigierte. Während sie die Stufen nahmen, beugte er sich zu ihr hinunter und flüsterte in ihr Ohr: »Ich kann dir nur empfehlen, gut mitzuarbeiten, Süße. Mein Kollege verliert nämlich sehr schnell die Geduld und kann dann ziemlich grob werden!«

Wo hatte ihr Mann nur diese geilen Kerle aufgetrieben? Sie konnte ihr Glück kaum fassen.

Oben angekommen steuerten sie direkt das Schlafzimmer an. Aha, die beiden Mitspieler schienen im Vorfeld bereits bestens instruiert worden zu sein, denn sie bewegten sich im Haus so, als wären sie nicht zum ersten Mal hier. Der etwas Größere und Kräftigere von beiden, der ihr als Mr. Black vorgestellt worden war und den sie für sich schon Blacky getauft hatte, ging jetzt voraus und sie folgte ihm zusammen mit dem Hübscheren, Blondie, der ihren Oberarm immer noch mit seiner Pranke umklammert hielt.

Dass es ohne Umschweife ins Schlafzimmer ging, war ganz nach ihrem Geschmack, denn schließlich wartete sie schon viel zu lange auf einen harten Schwanz. Dass sie das Foto von der Latte ihres Mannes in der Umkleidekabine des Dessousgeschäftes erhalten hatte, kam ihr schon ewig lang her vor. Und nun bekam sie zu ihrer Freude gleich zwei Schwänze auf einmal, einfach perfekt für ihren unstillbaren Appetit.

Ihr Mann hatte das Schlafzimmer schon vorbereitet. Er selbst machte es sich auf der Relaxliege nahe der Balkontür bequem, griff nach dem Glas Rotwein, das er sich bereitgestellt hatte, und trank genüsslich einen kleinen Schluck. Von nun an übernahmen die beiden Mitspieler die Regie und er war nur noch genießender Zuschauer.

***

»Halt!«, befahl jetzt Mr. Black, nachdem Blondie sie bis zur Bettkante geführt und ihren Arm immer noch nicht wieder losgelassen hatte. Seine Stimme war tief und er schien es gewohnt zu sein, dass seinen Kommandos Folge geleistet wurde. Zu Tanjas Überraschung hielt er die Tasche aus dem Dessousladen in der Hand und wühlte darin herum. Mit einem triumphierenden Lächeln zog er die rote Wäsche hervor, die sie gerade gekauft hatte. »Was haben wir denn hier für ein geiles Outfit?« Er grinste sie anzüglich an. »Da wollte wohl jemand seinen Mann total scharfmachen … Na gut, dann sollten wir die teuren Fummel nicht ungenutzt lassen.« Er warf die Wäsche auf das Bett. »Zieh jetzt deine Klamotten aus und lass uns mal sehen, ob dir das Zeug überhaupt steht.«

Nur zu gern kam sie seinen Anweisungen nach. Während sie ihre Bluse aufknöpfte, sah sie ihn mit großen Augen an.

»Werden Sie denn dann auch von einer Anzeige absehen, Mr. Black?« Sie ließ die Bluse zu Boden fallen und öffnete ihren BH. Ihre großen Titten sprangen hervor und die beiden Polizisten starrten ungeniert darauf. Während sie den Rock und ihren Slip abstreifte, antwortete Blacky ihr. »Das werden wir noch sehen. Ich glaube nicht, dass damit dein Fehlverhalten bereits abgegolten ist.« Sie griff nach der roten Wäsche und zog sich den winzigen String und den durchsichtigen BH an. Dann drehte sie sich zu den beiden Polizisten.

»Nicht schlecht, aber ich glaube, da fehlt noch was.« Blondie deutete neben das Bett. Oh, da standen ja ihre roten Lackstilettos! Sie schenkte ihrem Mann ein dankbares Lächeln, das er mit einem Augenzwinkern beantwortete, dann schlüpfte sie in die Schuhe.

Es war ihr kein bisschen unangenehm, dass sie jetzt in ihrer heißen Wäsche und den ordinären High Heels dastand und von den drei anwesenden Männern unverhohlen geil angestarrt wurde. Ganz im Gegenteil, die Vorstellung, was Mr. Black und Mr. Blonde vielleicht noch von ihr verlangen würden, bevor ihre Schuld beglichen war, ließ sie ganz kribbelig werden.

Besonders Blondie schien ziemlich beeindruckt von ihrem Anblick zu sein. Er zog hörbar die Luft ein und starrte auf ihr spitzen Nippel, die durch den transparenten BH gut zu sehen waren. Aber auch Blacky hielt sich mit geilen Blicken nicht zurück. Er taxierte ihre blankrasierte Pussy, die von dem Ministring kaum verborgen wurde. Doch er schien sich besser unter Kontrolle zu haben und blickte ihr schnell wieder in die Augen, um zu prüfen, ob sie auch mitspielte.

Am liebsten hätte sie augenblicklich losgelegt und ihre Schulden abgearbeitet, so erregt war sie von der Situation. Hätten die zwei gewusst, wie unglaublich geil sie allein ihre Uniformen machten, hätten sie auf dieses kleine Vorspiel vielleicht sogar verzichtet. Aber lange würde es sich sowieso nicht verbergen lassen, wie scharf sie auf den Sex mit den beiden Muskelmännern war. Ihr Mann hatte jedenfalls eine Ahnung, er nahm einen weiteren Schluck Wein und man konnte ihm seine Zufriedenheit mit dem Arrangement, das er für sie getroffen hatte, geradezu ansehen.

»Hinsetzen!« Nur dieses eine Wort kam aus dem Mund von Mr. Black, aber es war klar, dass er keinen Widerspruch dulden würde. Sie setzte sich auf die Kante des Bettes und schaute dann abwechselnd den beiden Polizisten von unten in die Augen. Beide hatten ihre Schirmmützen abgelegt und standen jetzt in ihren dunkelblauen, scheinbar maßgeschneiderten Uniformen vor ihr. Ihre Muskelpakete zeichneten sich unter dem Stoff ab und bei beiden war jetzt auch eine deutliche Ausbuchtung in der Hose zu sehen. Tanja fand sie einfach nur rattenscharf und die Vorstellung, was sie jetzt mit ihr anstellen würden, entfachte eine unglaubliche Hitze in ihrer Pussy.

Die braunen Augen von Mr. Black fixierten sie.

»Du kannst dir sicher denken, was jetzt kommt, oder? Wie lange willst du noch warten? Na mach schon, hol unsere Schwänze raus und zeig uns, dass wir mit dir nicht die harte Tour fahren müssen!«, befahl er, ohne dabei eine Miene zu verziehen oder ein Lächeln auch nur anzudeuten.

»Das können Sie doch nicht machen«, hauchte sie als Antwort, und sie war sich ziemlich sicher, dass sie die pure Geilheit in ihrer Stimme nicht mal ansatzweise verbergen konnte. Irgendwie hatte sie das Gefühl, dass Blacky seine Rolle nicht nur spielte, sondern gerade genau das tat, worauf er stand.

»Und ob wir das können«, antwortete er und beide traten einen Schritt vor. Jetzt standen sie direkt vor ihr und ohne zu zögern, griff sie nach seinem Gürtel, öffnete das Koppelschloss und strich anschließend mit ihrer Handfläche über die große Ausbuchtung vorn an der Stoffhose. Sein Schwanz fühlte sich vielversprechend an, er hatte sich schon ein Stück aufgerichtet und sie wollte das geile Ding endlich sehen. Also öffnete sie den Knopf und den Reißverschluss und griff mit einer Hand in seine Hose. Als sie die halbsteife Latte mit ihren Fingern umschloss, wurde er augenblicklich hart. Sie zog die Hose etwas nach unten und das knallharte Teil stand direkt vor ihr. Ungeduldig hatte der Typ beim Herunterlassen der Hose etwas nachgeholfen. Der Griff seiner Hand in ihren Nacken war unnachgiebig und zog ihren Mund bis auf ein paar Zentimeter an sein dickes Rohr heran. Die Eichel war schon glänzend nass, aber Tanja wartete noch auf sein Kommando, bevor sie ihren Mund öffnete, schließlich wollte sie ja ein braves Mädchen sein und nichts falsch machen. Mit leicht geöffneten Lippen und erwartungsvollem Blick nach oben wartete sie geduldig auf die nächsten Anweisungen. Die ließen auch nicht lange auf sich warten, fielen jedoch etwas anders aus, als sie erwartet hatte.

»Jetzt öffnest du zuerst mal die Hose meines Kollegen und holst auch seinen Schwanz heraus!« Ihren fast etwas enttäuschten Blick nahm er zufrieden zur Kenntnis. »Meinen Schwanz hältst du dabei schön fest. Das kriegst du ja wohl hin, oder?« Sie nickte ergeben und fing sofort an, an der Gürtelschnalle von Blondie zu fummeln. Ein paar Wimpernschläge später hielt sie zwei Schwänze mit ihren Händen umschlossen und konnte nicht verhindern, dass sich ein großer nasser Fleck unter ihrer Möse auf dem Bettlaken bildete.

Ihren Mann hatte sie in diesem Szenario komplett vergessen, so sehr war sie von den beiden fremden Schwänzen vor sich fasziniert und erregt. Blondie hatte es tatsächlich geschafft, seinen Kollegen in Sachen Schwanzlänge noch zu übertreffen, und sie musste sich zusammenreißen, damit sich nicht ein zufriedenes Lächeln auf ihrem Gesicht breitmachte. Das wäre bei dem strengen Mr. Black wahrscheinlich gar nicht gut angekommen …

Als Blacky jetzt wieder das Wort an sie richtete, konnte sie sich vor Geilheit kaum beherrschen.

»So, meine Liebe, jetzt wirst du von uns auf deine Verkehrstauglichkeit überprüft und als erstes wollen wir wissen, ob du überhaupt unseren speziellen Alkoholtest bestehst! Also lutsch mal an den Geräten und gib dir Mühe, sonst ziehen wir andere Saiten auf!« Er zog sie an seinen Prengel ran und schob ihr das harte Teil diesmal einfach in den Mund. So einen geilen Alkoholtest hatte Tanja noch nie machen müssen und willig umschloss sie die dicke, glänzende Eichel mit ihren Lippen. Sie ließ ihre Zunge kreisen, während sie den Schwanz immer tiefer in ihren Mund saugte und gleichzeitig das knallharte Rohr von Blondie rieb.

Breitbeinig stand Mr. Black vor ihr, ließ sich den Schwanz lutschen und verzog keine Miene. Kurz überlegte sie, ob sie sich beim Blasen etwas blöder anstellen sollte, um eine kleine Zurechtweisung zu provozieren. Aber bevor sie den Gedanken zu Ende gedacht hatte, griff Mr. Blonde in ihre Haare und zog sie rüber zu seinem Schwanz.

»Zeit für den zweiten Teil des Alkoholtests!« Er guckte wesentlich freundlicher als Blacky, aber Widerspruch duldete er auch nicht, sondern schob ihr seinen dicken Prengel direkt in den Mund. »Und vergiss meinen Kollegen nicht, nur weil du jetzt mal einen richtig Dicken im Mund hast!«

Schnell tastete sie mit ihrer Hand nach dem anderen Schwanz und schon ging das Spielchen mit vertauschten Rollen von vorn los. Sie wollte es den beiden richtig geil besorgen, dieses Date sollten sie nicht so schnell wieder vergessen, schließlich sollten hier alle ihren Spaß haben. Es war zwar nicht gerade einfach, Blondies Riesenteil vernünftig zu blasen, aber sie gab sich alle Mühe, lutschte und saugte und achtete gleichzeitig darauf, Mr. Black nicht zu vernachlässigen, der ihr das sicher nicht durchgehen lassen würde.

Endlich hatte sie auch mal ein kleines Erfolgserlebnis, denn jetzt stöhnten beide Typen hörbar. Offensichtlich waren die Polizisten zufrieden mit ihr, deshalb ergriff sie jetzt mal ein bisschen Eigeninitiative und schob sich die Schwänze abwechselnd in den Mund, ohne dazu aufgefordert worden zu sein. Wohlwollend ließen die beiden das zu und als sie gerade wieder von Mr. Black zu Mr. Blonde wechselte, nutzte Blacky den kurzen Moment, um sich vorzubeugen und ihren BH zu öffnen. Er ließ Mr. Blonde die Alkoholkontrolle allein weiter durchführen und setzte sich neben sie auf das Bett. Den BH warf er achtlos auf den Boden und betrachtete dann ihre prallen Titten. Der Anblick schien ihm zuzusagen, denn er griff zu und fing an zu kneten. Fast grob griff er erst in ihr festes Fleisch, um sich dann etwas ausführlicher mit ihren Nippeln zu beschäftigen. Tanja stöhnte auf. Innerhalb von Sekunden hatten sich ihre Nippel zusammengezogen und standen jetzt steif nach vorn. Das schien ihm zu gefallen, denn er beugte sich vor und saugte kräftig erst an dem einen und dann an dem anderen Nippel. Das Spielchen trieb er eine Zeit lang mit ihr und Tanja fiel es zunehmend schwerer, sich auf das Blasen von Blondies Schwanz zu konzentrieren. Das schien dieser auch zu bemerken und er zog seinen dicken Prengel aus ihrem Mund.

Er sah seinen Kollegen an. »Ich glaube, wir sollten den Alkoholtest langsam mal mit der Prüfung der allgemeinen Verkehrstauglichkeit kombinieren, um zu vernünftigen Ergebnissen zu kommen.« Er grinste seinen Kollegen an, der scheinbar sofort eine Idee hatte, wie das aussehen könnte.

»So, meine Süße, du hast gehört, was Mr. Blonde gesagt hat, wir prüfen jetzt ebenfalls mal deine allgemeine Verkehrstauglichkeit. Du hast doch bestimmt keine Einwände, wenn wir dabei etwas unkonventioneller vorgehen, oder? Für den Anfang war das ja schon mal nicht schlecht, aber glaub bloß nicht, dass du hier so billig davonkommst!«

»Nein, natürlich nicht, Mr. Black«, antwortete Tanja, »mir ist schon klar, dass Sie mich sehr gründlich überprüfen müssen.«

»Ich sehe, du hast verstanden, worauf es hier ankommt.« Mr. Black legte seine Pranke in ihre Haare und zog sie vom Bett runter zwischen seine Beine. Er machte das so kompromisslos und zielsicher, dass sie sich im nächsten Moment auf allen vieren auf dem flauschigen Läufer vor dem Bett mit seinem Schwanz vor dem Gesicht wiederfand. Die Vorfreude auf das, was jetzt wahrscheinlich folgen würde, durchströmte sie und sie konnte ihre Klitoris pochen fühlen. Seinen Griff in ihrem Haar hatte er noch nicht gelockert und seine Anweisungen waren eindeutig.

»Jetzt verwöhnst du erst mal meine Eier ein bisschen und dann wieder meinen Schwanz, Süße! Und meine ja nicht, du könntest damit aufhören, nur weil Mr. Blonde gleich anfangen wird, dich mit seinem großen Schwanz zu ficken, verstanden?«

Er sah sie wieder mit seinem unnachgiebigen Gesichtsausdruck an. »Na mach schon, leg endlich los und leck mir die Eier oder brauchst du eine extra Einladung?«

Okay, Widerstand war wohl zwecklos, also beugte sie sich vor. Gefühlvoll saugte sie erst die eine Seite seines Sacks in ihren Mund ein, lutschte mit Hingabe daran und nahm sich dann ausgiebig die andere Seite vor.

Zeitgleich schien sich Blondie hinter ihr seiner Hose zu entledigen, also positionierte sie sich noch ein bisschen besser und streckte ihr Hinterteil nach hinten raus, um ihm so zu signalisieren, dass sie bereit für die nächste Kontrolle war. Während sie langsam mit ihrer Zunge von Blackys Eiern zu seinem Schwanz überwechselte und ihn wieder in den Mund nahm, spürte sie, wie Blondie sich ihr von hinten näherte. Der schien sich doch tatsächlich nicht ganz sicher zu sein, ob sie überhaupt feucht genug für sein mächtiges Rohr war, zumindest deutete sie sein

Fühlen an ihrem geöffneten Spalt so. Wie sie erwartet hatte, schien er allerdings mit dem Ergebnis sehr zufrieden zu sein und teilte das auch gleich seinem Kollegen mit.

»Ich werde das Gefühl nicht los, dass dieses kleine Miststück unsere Überprüfung gerade ziemlich genießt.« Er zog seine Finger wieder aus ihrer Möse und schien sie Mr. Black zu zeigen. Tanja war viel zu sehr mit dem Prengel in ihrem Mund beschäftigt und hatte auch gar nicht die Möglichkeit aufzublicken, denn mit einer unnachgiebigen Hand in ihrem Nacken hatte sie nicht gerade viel Spielraum. Aber seine nächsten Worte bestätigten ihre Vermutung, denn die waren definitiv an Mr. Black gerichtet. »Schau dir jetzt mal meine Finger an, siehst du das? Ich glaube, wir haben es hier mit einem verdammt durchtriebenen Luder zu tun, die darauf steht, von zwei Typen richtig rangenommen zu werden! Man könnte fast meinen, die ist absichtlich zu schnell gefahren!«

»Hmmmh, sehe ich auch so, also fick sie endlich! Mal sehen, ob wir dann immer noch nichts von ihr zu der Sache hören.« Mr. Black schien jetzt tatsächlich zum ersten Mal zu grinsen.

Im gleichen Augenblick spürte sie auch schon, wie Blondie ihren String einfach zur Seite schob und seinen großen Schwanz bei ihr ansetzte. Zentimeter für Zentimeter drang er in ihre Möse ein. Oh Mann, einen solchen Prengel hatte sie noch nie in sich gehabt und sie hoffte, dass Blondie nicht zu grob sein würde. Gleichzeitig durfte sie den Schwanz in ihrem Mund nicht vernachlässigen, da würde Mr. Black bestimmt nicht nachsichtig sein, also lutschte und saugte sie weiter gierig daran. Doch das war mit einem Mal vorbei und sie musste innehalten. Laut und heftig war ihr Aufstöhnen, als der riesige Schwanz sie komplett ausfüllte und immer noch nachdrückte. Wie geil war das denn? Obwohl das große Ding sich einfach nur übermächtig anfühlte, machte es sie trotzdem unglaublich an und ließ sie alles andere um sich herum vergessen. Die Reibung in ihrer Pussy war kaum auszuhalten, so sehr füllte sie dieser Schwanz aus, aber sie wollte trotzdem auf keinen Fall, dass er wieder rausgezogen wurde. Als Blondie jetzt auch noch begann, seine Stöße zu intensivieren, sich dabei an ihren Hüften festhielt und sich immer schneller in ihr bewegte, schloss sie die Augen und gab sich ganz diesem unglaublichen Gefühl hin.

Plötzlich zog Blacky ihren Kopf nach oben. Ihr so offensichtliches Genießen schien ihm zu missfallen. »Na, was habe ich dir gesagt? Willst du mich etwa vernachlässigen, weil du gerade mal richtig geil gefickt wirst? Gib dir gefälligst etwas mehr Mühe!« Mit diesen Worten drückte er ihre Lippen gegen seinen dicken Prengel, den sie gehorsam wieder in ihrem Mund verschwinden ließ. Meine Güte, das war aber auch ein strenger Ordnungshüter, aber eigentlich hatte er ja recht, schließlich hatte sie hier ein Vergehen abzuarbeiten!

Blondie hatte sich von dem kleinen Vorfall gar nicht ablenken lassen und einfach weitergefickt. Er selbst schien die Situation auch zu genießen, denn jedes Mal, wenn er in ihre total enge, nasse Pussy fuhr, stöhnte er auf. Tanja wusste nicht, was zuerst passieren würde, dass sie die Größe seines Schwanzes nicht mehr aushalten könnte oder dass es ihr wahnsinnig geil kommen würde.

Doch wie auf ein verabredetes Zeichen hin, hörte er auf, sie zu ficken, während der Kerl vor ihr wieder dominant ihren Kopf nach oben zog. Er sah ihr direkt in die Augen. »Du hast es dir selbst zuzuschreiben, wer nicht hören will, muss fühlen!«

Oh, das hörte sich ja vielversprechend an! Brav antwortete sie: »Aber ich habe mir wirklich Mühe gegeben, habe ich meine Schuld denn nicht bald abgearbeitet?« Jetzt sah Blondie sie bedauernd an. »Tut uns sehr leid, aber so schnell geht das nicht. Über die Geschwindigkeitsüberschreitung können wir vielleicht inzwischen hinwegsehen, aber was ist mit den fehlenden Papieren?«

Das sah sie natürlich ein. »Ja, da haben Sie wohl recht ...«

Zu ihrem Erstaunen erhob sich Blacky jetzt und hielt ihr seine Hand hin, um ihr aufzuhelfen. »Aber wir sind ja keine Unmenschen und werden es für so eine attraktive Frau, wie du es bist, selbstverständlich so angenehm wie möglich machen, nicht wahr, Mr. Blonde?« Er zwinkerte seinem Kollegen zu, der bereits mit hinter dem Kopf verschränkten Armen auf dem Bett lag und freundlich grinste. Sein dunkelblaues Uniformhemd hatte er aufgeknöpft, sodass Tanja sein beeindruckendes Sixpack sehen konnte. Ansonsten hatte er nichts mehr an und sein dicker Ständer lag auf seinem Bauch und glänzte nass. »Ja, klar«, antwortete er, »jeder kann ja mal einen Fehler machen, das lässt sich doch alles regeln.«

»Das ist wirklich sehr freundlich von Ihnen. Ich bin echt froh, dass ich an zwei so nette Beamte geraten bin. Was soll ich denn dann jetzt machen?« Tanja sah fragend zu Mr. Black.

»Setz dich auf seinen Schwanz und verwöhne unseren blonden Jüngling mal ein bisschen. Ich kümmere mich dann anschließend um dich!«

Das ließ sie sich nicht zweimal sagen, denn obwohl sie sich nur schwer vorstellen konnte, wie das mit dem Reiten gehen sollte, konnte sie doch dem dicken, nass glänzenden Prengel, der so einladend vor ihr lag, nur schwer widerstehen. Schnell zog sie ihren roten String aus und kletterte nur noch mit ihren High Heels bekleidet auf das Bett. Breitbeinig positionierte sie ihre klatschnasse Möse direkt über dem geilen Rohr.

Blondie hielt seinen imposanten Ständer mit einer Hand und richtete ihn auf. Mit der anderen Hand griff er an ihre Hüfte und drückte sie dann langsam herunter. Geschmeidig öffnete seine noch feuchte Eichel ihre Schamlippen und drang, ohne auf den geringsten Widerstand zu stoßen, in sie ein. Als er sich zur Hälfte versenkt hatte, gönnte er ihr eine kleine Pause, bevor er weitermachte. Mit geschlossenen Augen und in den Nacken gelegtem

Kopf genoss Tanja das Eindringen von Mr. Blondes Schwanz. Als ihre Arschbacken seine Leisten berührten, schob er sie wieder ein kleines Stück nach oben und fing an zu ficken. Erst ganz langsam, damit sie sich an ihn gewöhnen konnte, und als er bemerkte, dass er ihr keine Probleme bereitete, immer schneller und triebhafter. Es war ein sensationelles Gefühl, von ihm gevögelt zu werden, zumal sie sich jetzt ganz auf ihn konzentrieren konnte und kein Mr. Black seinen Anteil auch noch einforderte. Der Mösensaft rann ihre Oberschenkel hinab und über seine Leisten und alles fühlte sich warm, feucht und glitschig an.

Mitten in der Bewegung stoppte er auf einmal.

»Jetzt fickst du mich!«, befahl er, und starrte dabei gierig auf ihre großen Titten. Sie fing an, sich auf und ab zu bewegen, und sofort griffen seine Hände nach den wippenden Dingern. Oha, da war aber einer heiß auf Titten, so wie der zugriff! Obwohl er wirklich riesige Pranken hatte, schaffte er es nicht, ihre dicken Dinger ganz zu umfassen, und das machte ihn offensichtlich tierisch an. »Du geiles Luder«, keuchte er, »wenn ich dich noch mal beim Rasen erwische, kommst du mir nicht so glimpflich davon!« Sie konnte fühlen, wie sagenhaft hart sein Schwanz jetzt war und um ihn noch weiter zu reizen, bewegte sie ihr Becken mit gekonntem Schwung vor und zurück. Dabei ließ sie ihn immer mal wieder fast ganz herausgleiten, um ihn dann schnell und hart wieder komplett in sich aufzunehmen. Blondie war kurz vor dem Abspritzen und das schien nicht nur ihr klar zu sein, denn jetzt bemerkte sie, wie sich das Bett hinter ihr bewegte. Im nächsten Moment bekam sie einen heftigen Klaps auf den Po und damit war Mr. Black wieder im Spiel.

»Mach mal ein bisschen langsamer mit Mr. Blonde, Süße, den brauchen wir noch für die letzte Prüfung!« Er hatte jetzt ein wissendes Grinsen im Gesicht. »Und nicht nur dein Mann ist gespannt darauf, ob du die wohl bestehst.« Er drückte sie nach unten. »Beug dich schön vor, Baby, und lass bloß den Schwanz nicht aus deiner Pussy!

Ja, so ist es richtig, zeig mir deinen Arsch!« Er kam jetzt ganz nah und sie konnte den Stoff seiner Uniform auf ihrer Haut und seine Latte zwischen ihren Arschbacken spüren. Ein Blick zu ihrem Mann genügte und sie wusste, wer hier die entsprechende Regieanweisung gegeben hatte, denn er kannte natürlich ihre Leidenschaft dafür, von zwei Männern gleichzeitig gefickt zu werden. Und dass es dieses Mal zwei so attraktive, muskulöse Kerle sein würden, die auch noch bestens ausgestattet waren, setzte dem ganzen Spiel die Krone auf. Willig beugte sie sich weiter vor und sofort spürte sie, wie sich Mr. Blacks knallharte Latte gegen ihr Poloch drängte. Vorsichtig schob er sich Zentimeter für Zentimeter vor, doch er merkte schnell, dass es keine Schwierigkeit sein würde, ganz in sie einzudringen. In der ihm eigenen kompromisslosen Art fackelte er dann auch gar nicht mehr lange rum, sondern drückte sein Rohr mit zwei, drei Stößen tief in ihren Anus.

Für Tanja war das Ekstase pur, sie fühlte beide Schwänze mit heftiger Intensität, die, sobald sie sich zusammen in ihr bewegten, noch gesteigert wurde. Beide fickten jetzt wild und ungehemmt und Tanja feuerte sie dabei noch an, so geil fühlten sich die beiden Prengel in ihr an. Als Blondie dann seine Hände wieder um ihre Titten legte und zugriff, war es um sie geschehen.

Ein übermächtiger Orgasmus überrollte sie, heftige Wellen durchströmten ihren ganzen Unterkörper, ihre Pussy und ihre Klit. Sie schrie ihre Lust laut heraus, krallte ihre Fingernägel in die Brust des unter ihr liegenden Mannes und genoss das geile Gefühl mit allen Sinnen. So viel geballte Männlichkeit in und um sie - für sie war es das Paradies.

Als die Wellen in ihrem Unterleib langsam schwächer wurden, lenkte sie ihre Aufmerksamkeit wieder auf die beiden Männer. Dass es auch bei ihnen nicht mehr lange dauern konnte, war klar, sie hatten sich ihretwegen die ganze Zeit zurückgehalten und das würden sie jetzt bestimmt nicht mehr tun.

Blacky war zuerst so weit. Laut aufstöhnend zog er seinen Schwanz aus ihrem Arsch. »Bleib genau so!«, kam es rau aus seinem Mund und dann: »Jaaa, mir kommt es. Geil!« Mehrere Ladungen heißes Sperma klatschten gegen ihre Arschbacken und schnell griff sie mit einer Hand nach hinten und presste noch zwei, drei weitere Ladungen aus dem Schwengel.

Dann zog Blondie stöhnend seinen Riemen aus ihr heraus und sie sah sofort, was er vorhatte. Sie reagierte gedankenschnell, drückte ihre dicken Titten zusammen und hielt sie ihm entgegen. Wie wild wichste er seinen dicken Prengel und schon wenige Sekunden später klatschte sein Sperma gegen sie, lief in Schlieren an ihren Titten herab und tropfte von den Nippeln runter auf seine Brust. Gierig beugte sie sich zu ihm und leckte etwas von dem geilen Zeug von seiner Haut. Das, was sich noch auf ihren Titten und ihrem Arsch befand, verrieb sie mit beiden Händen.

Dann erst schaute sie einmal in die Runde, zu ihrem Mann, zu Mr. Blonde und zu Mr. Black. Mit unschuldigem Gesicht und devoter Stimme stellte sie die alles entscheidende Frage: »Na, was meint ihr? Habe ich meine Verkehrstauglichkeit bewiesen oder muss ich zur Nachprüfung?«

Eine geile Nacht mit Freunden

Ich stand hinter der Theke unserer Hausbar und schloss ein Fässchen Bier an die kleine, vollautomatische Zapfanlage an. Die Bar in unser Wohnzimmer zu integrieren, statt sie, wie es eigentlich üblich war, in den Keller zu verbannen, war sicherlich eine unserer besten Ideen gewesen. Gebaut aus dunklem, massivem Holz und ausgestattet mit einem verspiegelten Flaschenregal, stellte sie einen echten Blickfang dar.

Die Wände rund um das Regal waren vollgepinnt mit Fotos und Postern unserer Lieblingsbands und dekoriert mit vielen coolen Details. Hier an der Theke hatten wir schon zahlreiche lustige Abende mit Freunden und lauter Musik verbracht und ich konnte mir ein Grinsen nicht verkneifen, wenn ich daran dachte, wie einige dieser Treffen ein wenig »unkonventionell« zu Ende gegangen waren. Ja, diese Investition hatte sich mehr als gelohnt! Als wir uns dann auch noch eine Saunahütte in den Garten bauen ließen, bekamen einige dieser Abende zusätzlich eine ganz besonders prickelnde Note. Und genau so etwas hatten wir für heute geplant.

Ich stellte Bier- und Sektgläser bereit, verteilte einige Teelichte und sah mich noch einmal prüfend um. Durch das große Wohnzimmerfenster konnte ich meine Frau Karina im Garten umhergehen sehen. Sie hatte die Saunahütte für den heutigen

Abend vorbereitet und schlenderte jetzt ziellos noch ein bisschen über den Rasen.

Wie immer sah sie megaheiß aus. Zu ihrem kurzen, enganliegenden Kleid im Leoparden-Print trug sie hochhackige Sandalen, ein Outfit, das ihre langen Beine supergut zur Geltung brachte. Ihre dunklen Haare hatte sie hochgesteckt, sodass der tiefe Ausschnitt des Kleides durch nichts verdeckt wurde und einen freien Blick auf den Ansatz ihrer großen Brüste gewährte.

Als sie mich durch das Fenster zu sich herüberschauen sah, beugte sie sich wie zufällig zum Rasen hinunter und hob ein paar herumliegende Zweige auf, wobei ihre Titten natürlich noch weiter aus dem Ausschnitt herausquollen und ihr Hintern sich verführerisch in die Luft reckte. Was für ein Biest – sie wusste ganz genau, wie scharf mich ihr Outfit machte, tat aber schon die ganze Zeit so, als wäre sie völlig normal angezogen. Jetzt warf sie mir einen prüfenden Blick zu – wahrscheinlich, um sich zu vergewissern, dass ich sie immer noch beobachtete – und ging dann zielstrebig über den Rasen auf unseren Gartenpavillon zu, unter dem ein großes Luftbett stand. Sie drückte mit einer Hand ein paar Mal gegen die Oberfläche, so als wollte sie den Luftdruck kontrollieren, zwinkerte mir verschwörerisch zu und kletterte dann auf allen vieren langsam auf das Bett, um die darauf liegenden Kissen ein bisschen umzusortieren. Ihr sowieso schon kurzes Kleid rutschte dabei noch ein Stück höher und ich war mir ziemlich sicher, dass auch das nicht zufällig geschah. Meine Vermutung bestätigte sich, als ich sah, dass sie keinen Slip trug. Oha, das konnte ja heiß werden heute, wenn sie jetzt schon so offensiv war!

Sie ließ mich für einen kurzen Moment den Anblick genießen, dann stieg sie wieder vom Luftbett herunter und richtete mit Unschuldsmiene ihr Kleid. Klar, einen kleinen Appetithappen hatte sie mir gegönnt, aber sie wollte natürlich nicht, dass ich allzu geil wurde, schließlich hatte der Abend ja noch gar nicht richtig angefangen.

Ich riss mich von ihrem heißen Anblick los und warf einen Blick auf die Uhr. Lange würde es nicht mehr dauern, bis unsere Gäste hier eintreffen würden, und dann konnte es endlich losgehen. Ich freute mich jetzt schon ungemein auf den Abend, der mit Sicherheit lustig und frivol werden würde, dessen Ende aber wie immer vollkommen offen war.

***

Die Klingel riss mich aus meinen Gedanken. Von draußen konnte ich schon lautes Lachen hören und als ich die Tür mit Schwung öffnete, standen nicht nur unsere Gäste vor mir, sondern mitten unter ihnen auch meine Frau. Ich blickte in fünf strahlende Gesichter, denen die Wiedersehensfreude deutlich anzusehen war. Unser Besuch hatte sich im Halbkreis vor der Tür aufgebaut und Karina in die Mitte genommen. Na ja, genauer gesagt, Luke und Rob hatten sie in die Mitte genommen und es war ganz offensichtlich, dass die zwei Sonnyboys ihre Hände schon nicht mehr bei sich hatten. Ganz unverhohlen fummelten sie an Karinas Rücken und Po herum. Die genoss es sichtlich, im Mittelpunkt zu stehen und strahlte übers ganze Gesicht. Überrascht war ich davon nicht, schließlich kannte ich ja das Faible meiner Frau für junge, durchtrainierte Männerkörper und damit waren die beiden zweifellos ausgestattet. Und dass Luke ein dunkler Typ mit braunen Haaren und Augen war, und Rob mit seinen hellblonden Haaren und blauen Augen eher wie ein Nordlicht aussah, machte die ganze Sache sicher noch reizvoller für sie.

Ganz außen standen auf der einen Seite mein Kumpel Vincent und auf der anderen Seite seine Freundin Nora, die sich bei Luke eingehakt hatte.

Wahnsinn, wie heiß Nora heute wieder aussah! Ihr sportlich-schlanker Body steckte in einem hautengen knallroten Catsuit, der ihr unverschämt gut stand, und ihre langen blonden Haare trug sie offen. Ich war überrascht, dass Luke und Rob eigentlich nur Augen für Karina zu haben schienen, aber wenn mir das heute mehr Zeit mit Nora verschaffen würde, nur zu gern. Der Abend würde so oder so großartig werden, wir sechs hatten nämlich ein paar gemeinsame Leidenschaften, und das waren Sex, Feiern und Rockmusik. Und genau deswegen waren wir heute zusammengekommen.

Kennengelernt hatten wir uns vor ein paar Jahren bei Rock am Ring und es war sehr schnell klar gewesen, dass wir in vielerlei Hinsicht perfekt zusammenpassten. Seitdem trafen wir uns regelmäßig, meistens bei uns, da wir mit unserer Theke und der Sauna perfekt für diese Treffen ausgestattet waren.

Jetzt verdrehte Vincent grinsend die Augen in Richtung von Karina, Luke und Rob. Meine beiden Kumpels hatten mich scheinbar völlig vergessen, so sehr waren sie mit meiner Frau beschäftigt. Als Luke Karina lächelnd irgendetwas ins Ohr flüsterte, war ich mir ziemlich sicher, dass er mit seinen Händen schon ertastet hatte, dass sie keinen Slip trug.

»Hey Mann, lange nicht gesehen«, rief mir schließlich Vincent entgegen und klatschte mich beim Hereinkommen ab. »Ich mache mal den Anfang, sonst begrüßt dich ja keiner. Unsere zwei Kavaliere hier scheinen ja schwer beschäftigt zu sein.« Mit dem Kinn deutete er hinter sich und grinste.

Jetzt schien auch Karina wieder auf der Erde angekommen zu sein. »So, Jungs, genug gefummelt! Lasst uns erst mal reingehen und auf den heutigen Abend anstoßen!« Und schon wand sie sich aus den Armen ihrer Verehrer und huschte an mir vorbei. Ich klatschte kurz mit den Jungs ab und begrüßte dann ausführlich Nora, die sich das ganze Spielchen souverän lächelnd angesehen hatte. Ein Kuss auf den Mund, ein paar Komplimente zu ihrem tollen Outfit und dann folgten wir den anderen ins Wohnzimmer. Ohne weitere Umschweife gingen wir zum gemütlichen Teil des Abends über.

Bevor ich meine Zapfanlage erreicht hatte, fing Luke schon an, mich zu foppen. »Verdammt trockene Luft hier, aber kein Problem, ich war heute Morgen extra noch einkaufen und hab uns mal was Schönes mitgebracht!« Er hielt einen Einkaufsbeutel in die Höhe, aus dem er nacheinander zwei Flaschen Cachaça, ein Päckchen Rohrzucker und einen Haufen Limetten hervorzog. Sogar an einen Beutel Crushed Ice hatte er gedacht. Heute würden wir Caipirinhas trinken, ließ er uns wissen, und da die mitgebrachten Zutaten ziemlich gut aussahen, beschlossen wir einstimmig, dass der Caipi heute unser Begrüßungsdrink sein sollte. Ich holte sechs Longdrink Gläser hervor und meine Kumpels verschwanden zum Mixen in der Küche, während die Mädels zum Quatschen an der Theke sitzen blieben und ich meinen, extra für diesen Abend, vorbereiteten Musikmix startete. Wie immer ging es los mit »Let the good times roll« von JD McPherson, das hatte schon Tradition, wenn wir zusammenkamen.

Die Caipis schmeckten wirklich fantastisch und zusammen mit dem lässigen Rhythmus der Musik verfehlten sie ihre Wirkung bei uns nicht. In Nullkommanix wippten wir alle bestgelaunt im Takt der rockigen Musik und bequatschten aufgedreht ein Thema nach dem anderen. Die eiskalten Drinks passten hervorragend zu unserer lockeren Stimmung und zu den sommerlichen Temperaturen draußen.

Da wir nicht gleich zu Anfang mit dem harten Alkohol übertreiben wollten, öffnete Vincent, nachdem wir die Gläser geleert hatten, eine Flasche Sekt für unsere Ladys und wir Männer tranken ein frisch gezapftes Bier. Schnell wurden unsere Gesprächsthemen schlüpfriger, wobei natürlich unsere beiden sexy Frauen im Mittelpunkt standen. Puh, sie sahen aber auch wirklich scharf aus und sie genossen es sichtlich, von vier Männern beflirtet zu werden.

Irgendwann stellte ich erstaunt fest, dass es schon nach halb zehn war und ich schlug vor, den ersten Saunagang einzulegen. Ich war wenig überrascht, als Karina mir augenzwinkernd erklärte, dass sie, Luke und Rob lieber an der Bar bleiben und weiter Musik hören wollten. Okay, das war natürlich kein Problem, schließlich sollte heute Abend ein jeder seinen Vorlieben nachgehen können und die Sauna gehörte definitiv nicht zum Pflichtprogramm.

Nora, Vincent und ich wollten allerdings aufs Saunieren nicht verzichten. Zwar tat es mir ein bisschen leid, dass Nora dafür ihren scharfen, roten Catsuit ausziehen würde, aber ihren tollen Körper nackt zu sehen, war natürlich mindestens ebenso reizvoll. Also raus aus den Klamotten, rein in die Bademäntel und mit unseren Saunahandtüchern über der Schulter ging es hinaus in den Garten zur Saunahütte. Draußen war es sogar noch ein bisschen hell und die laue Sommerluft war herrlich.

Wir zogen unsere Bademäntel aus und Nora ging zuerst hinein. Sie wusste natürlich genau, dass wir ihr hinterher starrten und ich war mir sicher, dass es sie anturnte, das Objekt der Begierde zweier Männer zu sein. Ich beeilte mich, als nächster die kleine Saunahütte zu betreten, was mein Kumpel Vince mit einem wohlwollenden Lächeln zuließ. Ein gut platzierter Griff an Noras knackigen Po, während sie auf die obere Saunabank kletterte und ihre gespielte Empörung darüber, brachten ihn nur noch mehr zum Grinsen.

Wir schwitzten und quatschten und irgendwann begannen Nora und Vince von ihrem letzten Besuch im Swingerclub zu erzählen. Mann-o-Mann, so anschaulich, wie sie ihre geilen Erlebnisse schilderten, konnte ich es kaum verhindern, dass mein Schwanz reagierte. Schon nach kurzer Zeit war er deutlich angeschwollen, was Nora offensichtlich ziemlich gut gefiel, denn sie begann unruhig auf ihrem Handtuch hin und her zu rutschen. Auf ihren süßen Titten hatten sich Schweißperlen gebildet, die langsam nach unten liefen. Fasziniert konnte ich zusehen, wie ein Tropfen nach dem anderen für einen kurzen Moment an ihren abstehenden, langen Nippeln verharrte, um dann nach unten zu fallen und in der Dunkelheit zu verschwinden. Die Atmosphäre hier drinnen war im wahrsten Sinne des Wortes ziemlich heiß geworden.

Vincent, der ebenfalls ganz hingerissen auf die Titten seiner Freundin starrte, saß jetzt genau wie ich mit einem Halbsteifen da und gab sich keine Mühe, seine Geilheit zu verbergen. Die eindeutigen Signale rechts und links neben ihr entgingen Nora natürlich nicht. Mit einem lasziven Lächeln im Gesicht lehnte sie sich mit dem Rücken bei Vince an, stellte ein Bein auf die Saunabank und bot mir so eine freie Sicht auf ihren tollen Körper.

Im Gegensatz zu meiner Frau, mit ihrer sehr weiblichen Figur, war Nora sportlich gebaut, ganz schlank, mit kleinen, festen Titten und einem kräftigen, durchtrainierten Po. Aber gerade dieser Gegensatz zu Karina machte mich unglaublich an und ich genoss es, dass ich – zumindest ab und zu – Sex mit zwei so unterschiedlichen Frauen haben konnte.

Jetzt bewegte Nora ihr Bein ein bisschen hin und her und sah mich herausfordernd an. Sie wartete darauf, dass ich den Anfang bei unserem kleinen Spiel machen würde und den Gefallen tat ich ihr gern.

»Hey Baby, es stört dich doch nicht, wenn ich mir deine schönen Titten anschaue?« Mit unschuldigem Gesichtsausdruck blickte ich sie an.

»Nein, überhaupt nicht, wenn dich die Schweißperlen auf den Dingern nicht stören«, gab sie mit einem lüsternen Lächeln auf den Lippen zurück.

Diese Antwort kam natürlich einer Aufforderung gleich und selbstverständlich ließ ich mich kein zweites Mal bitten. »Ach was, die sind doch schnell weggewischt.«

Ich rückte näher, umgriff mit beiden Händen ihre kleinen, festen Titten und mit sanften Bewegungen verrieb ich den herabrinnenden Schweiß. Es fühlte sich unglaublich geil an, wie sich ihre langen Nippel dabei gegen die Innenseite meiner Hände drückten und immer härter wurden. Nora bewegte sich nicht, schaute mir aber die ganze Zeit lasziv in die Augen. Und wie jedes Mal, wenn wir uns eine Zeit lang nicht gesehen hatten, schaffte sie es, mich ein ganz kleines bisschen in Verlegenheit zu bringen, was mich aber keinesfalls davon abhielt, einfach weiterzumachen. Vince sah sich das Spielchen bisher nur amüsiert an, er wusste natürlich genau, dass es sich nur um ein bisschen Vorgeplänkel handelte und dass er garantiert heute Abend nicht zu kurz kommen würde. Jetzt wurde ein bisschen gefummelt und rumgemacht, aber es war normal, dass wir uns ein bisschen Zeit ließen, bevor es zum Sex kam. Ob Karina, Luke und Rob das heute genauso händeln würden, wusste ich nicht, schließlich war Karina schon megaheiß gewesen, bevor unser Besuch überhaupt angekommen war. Aber das störte mich nicht, letztlich ging es ja darum, dass wir alle unseren Spaß hatten.

Unter meinen streichelnden und knetenden Händen zogen sich Noras Brustwarzen immer mehr zusammen. Gierig näherte ich mich mit meinem Mund ihren schweißnassen Brüsten und begann genüsslich an einem ihrer langen Nippel zu saugen. Nora stöhnte lustvoll auf. Puh, jetzt wurde es aber verdammt heiß hier und das nicht nur, weil wir in einer Sauna saßen! Ihr Stöhnen machte mich total scharf und ich fühlte, wie das Blut in meinen Schwanz schoss. Das Ganze wurde nicht weniger geil, als ich aus dem Augenwinkel sah, wie sie mit einer Hand Vincents Rohr umschloss und sich nur einen Augenblick später ihre andere Hand um meine harte Latte legte. Vincent blieb ganz cool, lehnte sich genüsslich zurück, ließ sich seinen steil aufgerichteten Schwanz massieren und sah zu, wie ich an den Nippeln seiner Freundin saugte.

Die Situation wurde im wahrsten Sinne des Wortes immer heißer und meine Latte unter Noras geiler Handmassage immer härter. Es wurde Zeit, eine kleine Pause einzulegen, nicht nur weil uns allen mittlerweile der Schweiß in Strömen am Körper herablief, sondern vor allem, weil ich mein Sperma kaum noch zurückhalten konnte, und dafür war es eindeutig noch zu früh. Noch einmal saugte ich an Noras hinreißenden Nippeln, dann richtete ich mich auf.

»Schau, was du angerichtet hast«, sagte ich mit vorwurfsvoller Stimme zu ihr und deutete auf mein hartes Rohr. »So kann ich doch unmöglich die Sauna verlassen!«

»Meinst du, mir geht es besser?«, gab sie zurück und zeigte auf den kleinen, runden Fleck auf dem Handtuch unter ihrer Pussy, der eindeutig nicht vom Schwitzen kam. Dann zeigte sie auf den abstehenden Schwanz ihres Freundes. »Und schau dir Vince an, der kennt mal wieder überhaupt kein Schamgefühl!«

Wir prusteten los und weil wir uns einig waren, dass wir so die Sauna tatsächlich nicht verlassen konnten, beschlossen wir, zum Abschluss noch einen Aufguss zu machen. Wie erwartet brachte die glühende Hitze unsere Erregung ziemlich schnell wieder auf Normalmaß herunter und fünf Minuten später verließen wir halbwegs anständig aussehend die Sauna. Nacheinander sprangen wir mit lautem Gelächter unter die kalte Gartendusche und genossen dann die frische Luft und das kühle Gras unter den Füßen.

Inzwischen war es draußen fast dunkel geworden. Durch das gekippte Fenster konnte man die Musik von drinnen deutlich hören. Vince versetzte mir einen Rippenstoß und deutete auf das von Kerzen erleuchtete Wohnzimmer. Zu den Klängen von »Tonight is fine« von Danko Jones ließen Karina, Luke und Rob ziemlich ungehemmt ihre Hüften kreisen. Die Männer tanzten mit freiem Oberkörper und hatten Karina in ihre Mitte genommen. Rob knutschte und befummelte Karina von vorn, Luke drückte sich von hinten an sie. Von draußen hatten wir die allerbeste Sicht auf die drei und ich war heilfroh, dass unser Garten nicht einsehbar war – die Nachbarn hätten garantiert ihren Spaß gehabt. Wir wohnten zwar eher ländlich, aber der ein oder andere Spaziergänger kam immer mal vorbei.

Ah, der nächste Song von Danko Jones begann, »Wild Woman«, Karinas Lieblingssong. Klar, dass sie jetzt noch ein bisschen aufdrehen würde! Kaum war mir der Gedanke durch den Kopf geschossen, legte sie den Kopf nach hinten und flüsterte irgendetwas in Lukes Ohr, woraufhin der begann, den Reißverschluss ihres Kleides zu öffnen. Nur einen Wimpernschlag später glitt der leichte Stoff an ihrem Körper hinunter zu Boden und ich musste zum wiederholten Mal feststellen, wie umwerfend meine Frau doch aussah. Nackt, wie sie jetzt war, drehte sie sich einfach um und nun kam Luke in den Genuss ihrer Vorderseite. Genau so hatte ich mir den Abend vorgestellt, unkompliziert und hemmungslos.

»Nicht schlecht!« Auch Vince schien der Anblick meiner Frau zu gefallen.

Doch dann erklang Noras Stimme hinter uns. »Hey Jungs, wollt ihr mich hier allein sitzen lassen?« Vor unserer Saunahütte gab es eine kleine Terrasse mit Stühlen und dort hatte sie sich hingesetzt. Ihr nackter Körper wurde vom gedämpften Licht aus der Sauna beleuchtet und sie gab sich keine Mühe, irgendetwas vor uns zu verbergen. »Natürlich nicht!« Schnell gingen wir zu ihr, entschuldigten uns beide mit einem intensiven Kuss für die Unaufmerksamkeit bei ihr und setzten uns dann. Jetzt hatten wir das Wohnzimmerfenster im Rücken, nur Nora konnte noch sehen, was im Haus passierte. Ein anzügliches Lächeln huschte über ihr Gesicht. »Ihr glaubt ja nicht, was die drei da drinnen veranstalten!« Sie sah mich an. »Deine Frau hat sich gerade hingekniet und wenn ich das richtig sehe, lutscht sie unseren beiden

Sonnyboys abwechselnd den Schwanz! Und wenn ich ehrlich bin, macht mich das ziemlich geil. Wollt ihr mal fühlen?« Mit diesen Worten spreizte sie ihre Beine.

Plötzlich interessierte mich kein bisschen mehr, was da gerade in unserem Wohnzimmer passierte und Vincent ging es offensichtlich genauso. Wir starrten beide auf die leicht geöffnete Pussy, dann rückte Vince seinen Stuhl näher zu Nora und schob ihr langsam einen Finger in die Pussy. »Mmh, das fühlt sich geil an«, stöhnte er.

Fasziniert schaute ich mir an, wie er seinen Finger hin und her bewegte und das plätschernde Geräusch, das dabei entstand, sorgte dafür, dass mein Schwanz deutlich sichtbar anschwoll.

»Jungs, ihr habt ja schon wieder beide einen Ständer.« Nora sah uns mit gespieltem Erstaunen an. »Vielleicht sollten wir mal schnell einen zweiten Saunagang einlegen und uns danach anderweitig vergnügen. Was meint ihr?« Das schien uns allen eine gute Idee zu sein und da ich mir noch eine kleine Überraschung für den letzten Saunagang überlegt hatte, schickte ich die beiden schon mal vor und machte selbst noch einen kleinen Abstecher ins Haus. Schnell holte ich einen kleinen Behälter mit Eiswürfeln aus unserer Tiefkühltruhe, den ich schon am frühen Abend bereitgestellt hatte.

Zurück in der Sauna hielt ich den Behälter in die Höhe. »Damit es uns hier drinnen nicht zu heiß wird«, verkündete ich grinsend und machte es mir dann auf der Saunabank bequem.

Nora war sofort begeistert. »Keine schlechte Idee, die können wir bestimmt gut gebrauchen!«

Sie griff sich einen Eiswürfel und führte ihn an einen ihrer Nippel. Dort ließ sie das eiskalte Ding behutsam kreisen und trotz der achtzig Grad in der Sauna bildete sich eine Gänsehaut auf ihren Titten. Was für ein geiler Anblick, der mich natürlich sofort wieder in Wallung brachte!

»Na, wie sieht das aus?« Fragend schaute sie uns an.

Das erforderte nun wirklich keine Antwort, denn wie ich sehen konnte, saß Vincent, genau wie ich, schon wieder mit einem Halbsteifen da. Das kam bei Nora natürlich verdammt gut an und sie lehnte sich zurück und schob ihre schönen Titten vor - eine eindeutige Aufforderung an uns. Wir nahmen beide einen Eiswürfel aus dem Behälter und umspielten damit ihre harten Nippel, die sich immer mehr zusammenzogen. Den nächsten Eiswürfel führte ich zwischen ihren Brüsten nach unten bis zum Bauchnabel und wieder zurück. Nora genoss mit leisem Stöhnen, wie das Eiswasser in kleinen Rinnsalen an ihrem heißen Körper herunterlief und als wir abwechselnd an ihren eiskalten Nippeln zu lutschen begannen, drückte sie sich uns entgegen. Mann, war das geil! Ich fragte mich echt, warum mir die Sache mit den Eiswürfeln nicht schon eher mal eingefallen war.

Vincent hatte angefangen, seinen harten Riemen zu wichsen, während er mit einem Eiswürfel erst Noras Bauchnabel umkreiste und ihn dann weiter in Richtung ihrer Pussy gleiten ließ. Darauf hatte sie wohl nur gewartet, denn sie drehte sich ihm entgegen, lehnte sich mit dem Rücken bei mir an und stellte die Beine auf die Saunabank. Ich konnte sehen, wie seine Hand mit dem Eiswürfel zwischen ihren leicht gespreizten Beinen verschwand, was erneut eine Gänsehaut auf ihrem Körper erscheinen ließ. Vincent starrte auf ihre Pussy, nahm einen weiteren Eiswürfel aus dem Behälter und Nora spreizte die Beine noch ein bisschen mehr.

»Jetzt machst du uns aber richtig scharf. Das weißt du doch, oder?«, stöhnte ich in ihr Ohr, aber das war natürlich genau das, was sie wollte und bei mir hatte sie ihr Ziel definitiv erreicht. Ich verließ meinen Platz hinter ihr und stellte mich vor die Saunabank. Mit einer sanften Bewegung zog ich sie weg von Vince zu mir hin. Sie wusste sofort, was ich wollte. Mit ihrem knackigen Po rutschte sie ganz nach vorn auf die Holzbank, sodass ich jetzt den geilen

Anblick ihres geöffneten Spalts genießen konnte. Ich beugte mich vor und küsste zärtlich ihre Pussy. Wow, sie war total kalt zwischen den Beinen, was in krassem Gegensatz zu der Temperatur in der Sauna stand. Dieses neue, unbekannte Gefühl an den Lippen war geil und langsam erkundete ich Zentimeter für Zentimeter ihres Spalts mit meinem Mund, bis ich bei ihrer Klit angekommen war. Ich ließ meine Zunge kreisen und Nora stöhnte lustvoll auf. Mit einer Hand tastete sie suchend Richtung Vince, der sofort näher rückte und ihr seinen Schwanz in die Hand schob. Genießerisch ließ er sich den Prengel bearbeiten und sah sich dabei an, wie ich seine Freundin leckte. Als ich ihre Schamlippen ein Stück weit auseinanderzog, wurde er plötzlich leicht hektisch.

»Verdammt, wenn ich mir eure Sauereien weiter angucke, spritz ich gleich los!« Mit einem energischen Griff löste er Noras Hand von seinem steifen, abstehenden Schwanz und verließ fluchtartig die Sauna. Nora warf einen prüfenden Blick auf meinen harten Schwanz und beschloss wohl, die Situation noch mal ein bisschen zu entschärfen. Sie rutschte auf der Bank wieder etwas zurück, sodass sie außerhalb der Reichweite meiner Zunge saß und stellte auch den Behälter mit den Eiswürfeln vorsichtshalber ein Stück zur Seite.

»Hey, wir machen wohl besser gleich im Haus weiter«, flüsterte sie in mein Ohr. Das hörte sich natürlich äußerst vielversprechend an, also riss ich mich zusammen und setzte mich wieder neben sie auf die Saunabank. Wir knutschten noch ein bisschen rum und als uns die Hitze zu viel wurde, lösten wir uns voneinander und verließen die Hütte. Für heute hatten wir genug geschwitzt und die Sauna hatte ihren Zweck als Anheizer für den weiteren Abend eindeutig erfüllt.

Tja, den Plan, draußen noch ein bisschen mehr runterzukommen, konnten wir allerdings vergessen. Im Mondlicht, das auch noch durch den Schein mehrerer Kerzen unterstützt wurde, konnten wir deutlich erkennen, wie Karina und ihre zwei Lover es vollkommen ungehemmt auf dem Luftbett unter dem Pavillon trieben. Vincent hatte es sich auf einem der Gartenstühle in sicherer Entfernung bequem gemacht und schien nur auf uns gewartet zu haben. Als er uns sah, stand er grinsend auf und kam auf uns zu.

»Na endlich lasst ihr euch auch wieder blicken! Ihr habt einiges verpasst und ich kann unmöglich noch länger zuschauen, sonst spritze ich ab, bevor ich meinen Schwanz heute mal irgendwo versenkt habe.«

Das glaubte ich ihm gern, denn wenn ich es richtig erkannte, ging Karina gerade einer ihrer Lieblingsspielarten nach. Sie liebte Sandwich-Sex, und so, wie Luke unter ihr lag und Rob hinter ihr kniete, sah es ganz danach aus, dass die drei genau das machten. Allein das nicht zu überhörende, heftige Gestöhne hätte ausgereicht, um zu wissen, dass dort auf dem Luftbett eine ziemlich heiße Nummer geboten wurde, doch dank des guten Lichts konnten wir auch noch problemlos alles erkennen. Karina konnte gar nicht genug bekommen, sie trieb ihre Lover immer weiter an und forderte sie auf, sie härter zu ficken. Ein Schwanz in ihrer Pussy und den zweiten in ihrem Arsch – so liebte sie es und sie ließ sich von den beiden richtig durchvögeln. Ihren Haarknoten hatte sie inzwischen gelöst und als sie ihren Kopf und die lange, dunkle Mähne in den Nacken warf, wusste ich, dass es nur noch einen Augenblick dauern würde, bis sie kam. Da lag ich goldrichtig, denn schon im nächsten Moment flog ihr Kopf wieder nach vorn und sie presste ihren Mund auf Lukes Brust, um ihre Schreie so gut wie möglich zu dämpfen. Schon zum zweiten Mal an diesem Abend war ich froh, dass unser nächster Nachbar ein paar Meter entfernt wohnte und deshalb hoffentlich niemand irgendetwas von dem, was wir hier trieben, mitbekommen würde.

Nora, Vince und ich konnten unsere Blicke nicht von dem geilen Schauspiel abwenden, aber schließlich beschloss ich, dass wir genug gespannt hatten. Ein kräftiger Griff an Noras Po und ein Rippenstoß für Vince holten uns drei in das Hier und Jetzt zurück. Ich sah die beiden an. »Das werden wir sicher nicht toppen, aber ich finde, wir sollten es wenigstens mal versuchen.«

Nora lächelte. »Da hast du allerdings recht. Und man weiß ja nie, welche Sauereien uns noch einfallen.« Mit diesen Worten drehte sie sich um und steuerte mit schwingenden Hüften das Haus an. Vince und ich genossen den geilen Anblick für einen Moment, dann schnappten wir uns unsere Bademäntel und folgten ihr. Sie bog direkt zum Badezimmer ab und kurz bevor sie durch die Tür ging, wandte sie sich uns noch einmal zu. »Ab unter die Dusche, Jungs, jetzt waschen wir uns erst mal den Schweiß ab!«

Sie stand bereits in der großen Duschkabine, als wir das Bad betraten, und das Wasser rann über ihren Kopf und weiter an ihrem geilen Körper herunter. Vince stieg ihr zuerst nach, dann folgte ich. Wir nahmen sie in die Mitte und drückten uns gegen sie, und als Vince zum Duschgel griff und ihren Körper damit einschäumte, wurde ihre Haut herrlich glatt und flutschig. Es fühlte sich megageil an, mit den Händen überall an ihrem seifigen Körper entlang zu reiben, ihre harten Nippel zu umkreisen, über ihre Hüften und den Po zu fahren und die Finger über ihre glatte, weiche Pussy gleiten zu lassen. Und es sah auch megageil aus, dass es nicht nur zwei, sondern vier Hände waren, die über ihren Körper glitten. Es dauerte nicht lange und sie griff selbst zu der Flasche mit dem Duschgel und drückte ein paar Tropfen in ihre Hand. Dann umfasste sie meinen harten Schwanz und begann, mit ihren seifigen Fingern auf und ab zu reiben. Ihre andere Hand legte sie um meine Eier und drückte im gleichen Rhythmus sanft zu. Ich fing an zu stöhnen, mein Schwanz wurde immer härter unter ihren Händen und mein Sperma drängte spürbar Richtung Ausgang. Doch kurz bevor der

Point of no Return erreicht war, ließ sie meinen Prengel einfach los und drehte sich mit einem verruchten Lächeln auf den Lippen zu Vince um. Wieder drückte sie etwas Duschgel in ihre Hände, dann waren sein Schwanz und seine Eier an der Reihe. Ich presste mich von hinten an sie und am liebsten hätte ich meinen Prengel direkt in ihren eingeseiften Arsch gleiten lassen, aber ich hielt mich zurück, da ich ihr die Regie bei diesem geilen Spiel überlassen wollte. Also rieb ich nur mein bis zum Bersten gefülltes Rohr an ihr, während sie Vincent weiter mit beiden Händen bearbeitete. Irgendwann legte er einen Arm um sie, und die beiden fingen an zu knutschen. Ihre Hände glitten immer schneller an seinem Schwanz auf und ab und seine heftige Atmung ging irgendwann in lautes Keuchen über. Plötzlich packte er sie an den Schultern, drehte sie zu mir und drückte ihren Rücken nach unten. Sie hielt sich an mir fest, während er von hinten seinen angeschwollenen Schwanz fast grob in ihre flutschige Pussy drückte und sie unglaublich schnell und hart zu ficken begann. Sie hatte ihn unfassbar heißgemacht und jetzt war er kaum noch zu bremsen. Seine Leisten klatschten ein paar Mal lautstark gegen ihren Arsch, dann kam es ihm. Keuchend und stöhnend spritzte er die ersten Spermaschübe in sie, dann drückte er ihren Körper vom Wasserstrahl weg, zog seinen Schwanz aus ihrer Pussy und verteilte den Rest seines Saftes gut sichtbar auf ihrem Arsch. Nora genoss es sichtlich, so hart von ihrem Freund genommen zu werden und leise stöhnend ließ sie es ihn genau so machen, wie er es wollte. Und obwohl sie dabei die ganze Zeit meine harte Latte direkt vor dem Gesicht hatte, konzentrierte sie sich nur auf Vince.

Sie wartete ab, bis er fertig war, dann richtete sie sich langsam auf. Mit einem verheißungsvollen Ausdruck in den Augen sah sie mich an. »Du bist später auch noch dran, aber ein bisschen musst du dich noch gedulden!«

Oh Mann, so liebte ich das! Obwohl mir fast der Schwanz

platzte, törnte mich der weitere Aufschub nur noch mehr an und ich nickte zustimmend.

Wir stellten uns alle noch einmal unter das warme Wasser, spülten die Seifenreste ab und verließen dann die Dusche.

»Wow, sind unsere Frauen heute gut drauf«, flüsterte mir Vincent beim Abtrocknen noch selig grinsend zu, dann schlüpften wir in unsere Bademäntel und gingen in die Küche, um neue Drinks zu mixen, während Nora ihre Haare trocknete.

Obwohl er gerade so heftig abgespritzt hatte, machte Vincent immer noch einen frischen Eindruck und sprühte nur so vor Energie. Zu dritt standen wir an der Theke, genossen die Drinks und blieben die ganze Zeit in Körperkontakt mit Nora, der es sichtlich gefiel, von zwei Männern gleichzeitig so viel Aufmerksamkeit zu bekommen. Die knisternde Atmosphäre zwischen uns hatte sich noch um kein Grad abgekühlt.

Als Noras Drink fast leer war, stand sie von ihrem Barhocker auf, streifte ihren Bademantel ab, legte ihn über einen Stuhl und drehte sich uns zu. Ihre langen, blonden Haare lagen jetzt als wilde Mähne um ihren Kopf und über ihren Titten. Ihre spitzen Nippel lugten zwischen den Strähnen hervor.

»Du siehst megascharf aus«, bescheinigte ich ihr und deutete auf meinen Schwanz, der aus dem Bademantel herausragte. Auf der Eichel waren bereits ein paar Tropfen Sperma zu sehen.

Statt zu antworten, nahm sie einen Barhocker und schob ihn zwischen Vincent und mich. Sie setzte sich, lehnte sich mit dem Rücken an die Theke und spreizte die Beine. Ihre rosa Pussy sah so einladend aus, dass ich sofort mit einer Hand zugreifen musste. Mit zwei Fingern drang ich in das warme, weiche Nass ein. Mit der anderen Hand schob ich ihre langen Haare zur Seite und beugte mich zu einem ihrer rosafarbenen Nippel herunter. Ich konnte diesen langen, harten Teilen einfach nicht widerstehen, egal ob in der Sauna, unter der Dusche oder hier an der Theke, immer wieder wurde ich wie magisch von ihnen angezogen. Ich schloss meine Lippen um die harte Spitze und saugte mich ganz leicht fest, während ich meine Finger langsam in Noras Pussy vor und zurückbewegte. Genießerisch lehnte sie sich für einen Moment mit geschlossenen Augen zurück und ließ mich einfach machen. Dann beugte sie sich zu mir und flüsterte: »Ich will, dass du es mir hier vor Vincents Augen richtig besorgst.«

Oha, sie wollte ihren Mann also noch ein zweites Mal richtig scharfmachen …

»Na, dann komm mal her«, flüsterte ich zurück und stellte mich zwischen ihre Beine. Mit einem Ruck zog ich sie bis ganz an den Rand des Barhockers. Meinen Bademantel ließ ich achtlos auf den Boden fallen, setzte meinen Schwanz an ihrer nassen Pussy an und schob ihn mit einem kräftigen Stoß tief in sie hinein. Sie stöhnte laut auf, schlang die Beine um meine Hüften und drückte meinen Schwanz noch ein bisschen tiefer in sich. Ja, so mochte ich es. Sie war heiß und nass und ungestüm und wollte unbedingt ficken! Ich umfasste ihre Pobacken, stieß erst langsam zu und dann immer schneller. Nora stöhnte laut bei jedem Stoß und Vince rückte mit gierigem Blick näher zu uns. Er fand es offensichtlich ziemlich geil, was ich mit seiner Freundin anstellte. Nora war das natürlich auch nicht entgangen, schließlich hatte sie es genau darauf angelegt, und mit lüsternem Gesichtsausdruck verfolgte sie, wie sich Vincents Prengel immer mehr aufrichtete. Mein Rohr glänzte inzwischen vor Nässe und es sah einfach nur geil aus, wie ich damit immer wieder in Noras Pussy eindrang. Ich fühlte, wie mein Sperma herausdrängte, die Situation war einfach zu geil, doch plötzlich rutschte Nora auf dem Hocker etwas nach hinten, drückte eine Hand energisch gegen meine Brust und schob mich ein Stück von sich weg. Mein Schwanz flutschte aus ihrer Möse. »Ich glaube, Vince will mich auch mal ficken. Schau dir mal seine Latte an!«

Das war wirklich knapp gewesen. Fast hätte ich abgespritzt, aber so stand ich nur stoßweise atmend und mit vor Erregung zitterndem Schwanz da. Ich machte meinem Kumpel Platz und überließ Vincent die heiße, nass glänzende Pussy seiner Freundin. Der ließ sich natürlich nicht lange bitten und übernahm sofort meine Position zwischen ihren Beinen. Sie nahm seinen Schwanz in die Hand und führte sich sein dickes Ding ungehemmt ein. Augenblicklich fickte er heftig los. Ihre Titten mit den steil nach vorn stehenden Nippeln wippten bei jedem Stoß auf und ab und boten wie immer einen unglaublich geilen Anblick. Vince konnte seinen Blick genauso wenig davon abwenden wie ich und Nora heizte ihn noch ein bisschen mehr an, indem sie die geilen Dinger mit beiden Händen umfasste und ihm provokativ entgegenhielt. »Wenn's dir kommt, zieh ihn raus und spritz mich an!«, forderte sie ihn auf. Vincent verschwendete keine Zeit mit Antworten, stieß noch kräftiger zu und schaffte es auch noch, beim Ficken die ihm so unwiderstehlich präsentierten Nippel zu befummeln. Sein Keuchen wurde immer lauter.

»Spritz mich voll, los, mach, genauso brauche ich es jetzt!«, feuerte Nora ihn an.

Sie hatte es gerade ausgesprochen, als es ihm kam. Laut aufstöhnend zog er seinen Schwanz aus ihr heraus und sein Sperma schoss hervor. In mehreren Ladungen klatschte es über ihre Titten bis in ihr Gesicht. Der Saft tropfte von ihren Nippeln und ihrem Kinn und alles sah so geil aus, dass ich Vincent ungestüm zur Seite drängte und mich selbst wieder zwischen Noras Beine stellte. Ich drang in ihre Möse ein und verrieb gleichzeitig mit beiden Händen das glänzende Sperma auf ihren Brüsten. Ohne Zweifel standen wir beide jetzt ebenfalls kurz vor der Explosion. Mein Schwanz zitterte vor Erregung und Noras Körper war mit einer Gänsehaut überzogen. Als ich mit einem kräftigen Stoß bis zum Ansatz in sie stieß, kam es ihr. Ich konnte das Zucken ihrer

Pussy spüren und das war der Startschuss für meine eigene heftige Entladung. Mein Saft spritzte nur so heraus und ich konnte ein Schreien nicht unterdrücken. Auf diesen Abspritzer hatte ich ewig warten müssen und so geil hatten wir es uns gegenseitig schon lange nicht mehr besorgt. Ich kostete jeden einzelnen hervorschießenden Spermastrahl aus, während ich das heftige Zucken ihrer Pussy spürte, die meinen Schwanz fest umschlossen hielt.

Schließlich kam nichts mehr und ich lag noch ein paar Sekunden erschöpft über ihr und stützte mich an der Theke ab. Dann schob sie mich sanft zurück und setzte sich auf.

»Wow, das war nicht schlecht!« Sie lächelte uns glücklich an. »Ihr zwei seid echt die Besten!« Dann zog sie uns zu sich und gab jedem von uns einen zärtlichen Kuss. Ich reichte ihr ein Handtuch, damit sie sich säubern konnte, und in diesem Moment kam Karina mit ihren beiden Lovern und einem sehr zufriedenen Ausdruck im Gesicht ins Wohnzimmer. Sie zwinkerte Nora verschwörerisch zu. »Oh, da kommen wir ja genau zum richtigen Zeitpunkt wieder herein. Ihr seht aus, als hättet ihr genau so viel Spaß gehabt wie wir!«

Dem konnten wir natürlich nicht widersprechen und lachend zogen wir alle unsere Bademäntel wieder an und füllten unsere Gläser noch einmal.

Wir stießen auf den weiteren Abend an und wie bestellt dröhnte »Good Morning Midnight« von den Backyard Babies aus den Boxen. »Na, das passt ja!«, kommentierte Rob mit einem Blick auf die Uhr den Song augenzwinkernd. »Ich hoffe, ihr habt euer Pulver noch nicht komplett verschossen, schließlich wollen wir noch ein paar Stunden feiern und ordentlich Gas geben!«

Genau das hatten wir vor, da waren wir uns alle einig, und um gerade mal Mitternacht war für uns das Ende dieses geilen Abends bestimmt noch nicht erreicht …

Jagdlust - Beute fürs Bett

Michelle konnte die vielen Blicke, die ihr auf dem Weg zum Museum folgten, förmlich auf ihrem Körper spüren, doch hinter ihrer großen, modischen Sonnenbrille ließ sie sich nichts anmerken. Die letzten Meter bis zum Eingang legte sie mit besonderem Elan zurück und voller Schwung nahm sie auch die Stufen der kleinen Treppe. Jetzt war sie ganz in ihrem Element und in aufgeregter Anspannung betrat sie selbstsicher ihr heutiges Jagdrevier. Sie löste ein Ticket, ließ es in ihrer Handtasche verschwinden und nahm dann erst die Sonnenbrille ab, um sie sich lässig ins Haar zu schieben.

Neugierig sah sie sich um. Volltreffer! Der Rundumblick bestätigte ihre Prognose für heute sofort und lächelnd betrat sie den großen Ausstellungsraum des Museums.

***

Als sie in der letzten Woche das aktuelle Veranstaltungsprogramm für Düsseldorf durchgesehen hatte, war ihr die Ausstellung in der Kunsthalle sofort ins Auge gefallen: »PS: Ich liebe Dich. Sportwagen-Design der 1950er bis 1970er Jahre«.

Ein besseres Thema konnte es für ihre Zwecke kaum geben und sie war augenblicklich elektrisiert von den Möglichkeiten, die ihr so eine Ausstellung bieten würde. Hier würden sich jede Menge interessante, attraktive Männer einfinden und es würde leicht für sie sein, den einen oder anderen kennenzulernen. Denn genau darum ging es ihr, aus einer Anzahl von Männern, die ihren Ansprüchen auch entsprachen, auswählen zu können. Dazu musste sie lediglich die richtigen Veranstaltungen besuchen und im Laufe der Zeit hatte sie ein Gespür dafür entwickelt, welche das waren. Zu ihren Favoriten zählten dabei Ausstellungen. Die temporäre Präsentation bestimmter Themen, wie Aktfotografie, Technik oder bestimmte Kunstrichtungen, am liebsten in einem großen, öffentlichen Museum, war genau das Richtige für ihre Absichten. Bei diesen Ereignissen wimmelte es immer von Besuchern, die ihren Vorstellungen entsprachen und sie selbst konnte sich in absoluter Anonymität durch die Räume bewegen, da sie normalerweise niemand kannte. Ein wahres Paradies, wenn man auf Männer gesetzteren Alters mit einem gewissen Niveau stand und ideal für eine junge, sexhungrige Frau auf Beutezug.

Dem Veranstaltungskalender hatte sie entnommen, dass in der heutigen Ausstellung Automobile der 1950er bis 1970er Jahre zu sehen waren, in denen sich Karosserie und Maschine zu einem ästhetischen Gesamtkunstwerk verbanden. Das war nun wirklich ein Thema, das naturgemäß zahllose Männer anlockte! Dass sie auch selbst ein Faible für Oldtimer und schnelle Sportwagen aller Art hatte, machte das ganze Event für sie perfekt.

***

Für Michelle war es nichts Besonderes, bei Männern gut anzukommen. Schon seit sie ein Teenager gewesen war, wusste sie um die Anziehungskraft, die sie auf das andere Geschlecht ausübte. Dabei waren es oft die wesentlich älteren Männer gewesen, die sich für sie interessiert hatten, und so war es auch heute noch. Obwohl sie selbst erst sechsundzwanzig war, schien sie eine besondere Wirkung auf Männer irgendwo jenseits der vierzig zu haben. Ihre üppigen Kurven, die kinnlangen blonden Haare und ihr mädchenhaftes Gesicht entsprachen offenbar häufig deren Schönheitsideal. Und auch wenn sie sich immer sehr sexy kleidete, wirkte ihre Aufmachung nie billig, sondern sie hatte das Talent, stets unschuldig-verführerisch auszusehen. Sie kannte die versteckten Blicke der Männer, die ihr bewundernd hinterher starrten, und nichts war dann leichter für sie, als zu erkennen, bei wem ihre prallen Titten, ihr wohlgeformter Po oder ihre schönen Beine besonders gut ankamen. Wenn sie den entsprechenden Kandidaten dann auch noch ein paar tiefe, sündige Blicke zuwarf, hatte sie sie sofort am Haken.

Im Laufe der Jahre hatte sie die Vorteile der Männer, die älter waren als sie, erkannt, und die jüngeren Typen interessierten sie nicht mehr besonders. Ein gepflegter Mann in einem schicken Anzug, gern auch mit angegrauten Schläfen - das war ihr Ding.

***

Als sie heute Morgen aufgewacht war, hatte die Sonne in ihr Schlafzimmer geschienen und sofort für gute Laune bei ihr gesorgt. Dann war ihr Blick auf das Heftchen mit den Veranstaltungstipps, das aufgeklappt auf dem Nachttisch lag, gefallen und sie hatte voller Vorfreude die Beine aus dem Bett geschwungen und war aufgestanden.

Unter der Dusche hatte sie sich sorgfältig rasiert und darauf geachtet, dass ihre Haut sich überall weich und glatt anfühlte. Während sie unter dem warmen Wasserstrahl stand, ließ sie ihrer Fantasie freien Lauf und stellte sich einen attraktiven Mann vor, der mit seinen Händen ihren Körper erkundete. Sie musste sich zusammenreißen, der Drang, sich selbst zu befriedigen, war stark, aber das wollte sie natürlich auf keinen Fall. Alle Lust sollte für den unbekannten Mann aufbewahrt werden, den sie heute noch zu erobern gedachte. Nach dem Duschen cremte sie sich mit einer duftenden Lotion ein und hüllte sich in ihren dunkelroten Satinbademantel. Ihre blonden Haare ließ sie einfach an der Luft trocknen, das würde dafür sorgen, dass sie in weichen Wellen um ihr Gesicht fielen.

Sie hatte noch jede Menge Zeit, es war Sonntag und sie wusste, dass die Ausstellung erst gegen Nachmittag richtig voll werden würde. Also trank sie erst mal einen Kaffee, frühstückte in Ruhe und widmete sich dann der weiteren Schönheitspflege. Finger- und Zehennägel lackierte sie mit ihrer Lieblingsfarbe von Chanel, Rouge Pouissant, und ließ sie trocknen, während sie sich im Internet noch ein paar Informationen zu der Ausstellung zusammensuchte.

Anschließend ging sie wieder ins Bad, schminkte ihre Augen ganz leicht mit Lidschatten und Eyeliner und trug schwarze Mascara auf ihre schön geformten, langen Wimpern auf. Zum Schluss zog sie ihre vollen Lippen mit einem dezenten roten Lippenstift nach und schon blickte ihr ein wahnsinnig verführerisches Gesicht im Spiegel entgegen.

Wieder im Schlafzimmer, warf sie ihren Satinbademantel auf das Bett und betrachtete sich in dem großen Ankleidespiegel. Die leichte Bräune, die sie sich am nahe liegenden FKK-Badesee geholt hatte, passte hervorragend zu ihren blonden Haaren und verlieh ihr Frische und Lebendigkeit. Eigentlich fand sie es fast schade, dass sie sich anziehen musste, denn ein paar hohe Stiefel und ihr nackter Körper hätten ausgereicht, um fast jeden Mann willenlos zu machen. Aber okay, das ging natürlich nicht, also wählte sie einen sexy Riemchenstring aus ihrem Sortiment und zog ihn an. Einen BH würde sie nicht brauchen, das Kleid, das sie für heute ausgewählt hatte, würde ihre prallen Brüste auch so in die richtige Form bringen und für ein äußerst reizvolles Dekolleté sorgen. Sie hatte das hautenge, rehbraune Bodyconkleid bereits auf ihr Bett gelegt, jetzt griff sie danach und schlüpfte hinein. Der Stoff schmiegte sich fest wie eine zweite Haut an ihren Körper und mit zwei geübten Handgriffen hatte sie ihr Dekolleté in die richtige Form gebracht. Das würde nicht mehr verrutschen, so viel war sicher. Zuletzt zog sie ihre hochhackigen Riemchensandalen aus braunem Wildleder an - fertig. Sie blickte noch einmal in den großen Spiegel und musste schmunzeln. Eigentlich fehlten nur noch Pfeil und Bogen, dann sähe sie aus wie Diana, die Göttin der Jagd in einer äußerst sexy Variante - ein wirklich passendes Outfit für ihr Vorhaben. Sie war sich sicher, dass sie keine Schwierigkeiten haben würde, heute einen Mann zu verführen, der ihr gefiel.

Schnell schüttelte sie ihr Bett noch einmal auf, dann griff sie nach ihrer Handtasche und ihrem Schlüssel und verließ die Wohnung.

Bei sommerlichen Temperaturen legte sie den Weg zur Kunsthalle zu Fuß zurück und gute zwanzig Minuten später war sie schon angekommen. Jetzt stand sie in dem großen Ausstellungsraum und sah sich um. Zwei Dinge stachen ihr sofort ins Auge, der silberne Mercedes-Benz 300 SL mit den für die Ausstellung hochgestellten Flügeltüren - für sie das ultimative Traumauto, und natürlich die vielen gut aussehenden und gut gekleideten Männer, die sich zwischen den ausgestellten Oldtimern in der angenehm kühlen Halle bewegten.

Hatte sie es doch gewusst - die Männerwelt lag trotz des Sommerwetters nicht komplett am Badesee oder im Freibad, sondern war ganz heiß darauf, die schönen Formen und Designs längst vergangener Autoepochen zu sehen.

Obwohl die Ausstellungsstücke wirklich interessant aussahen, verzichtete sie auf eine Führung, das würde ihren Auftritt nur behindern. Sie wollte sich frei bewegen können und sich alle Optionen offenhalten. Schließlich war ihr Hauptinteresse, die Blicke vieler verschiedenster Männer auf sich zu ziehen, um so die potenziellen Sexkandidaten aus der Masse zu filtern. Ein nicht zu unterschätzendes Unterfangen und eine große Herausforderung, wenn die Kerle eigentlich nur wegen der heißen Schlitten hier waren. Aber sie erkannte sofort, dass sie hier das Angenehme mit dem Nützlichen verbinden konnte. Sie musste nur zwischen den Ausstellungsstücken umherschlendern, dann würde sie an den meisten Männern irgendwann vorbeikommen. Es würde ein Kinderspiel für sie sein, die Aufmerksamkeit des einen oder anderen attraktiveren Mannes auf sich zu lenken. Sie war gespannt, wie lange es dauern würde, bis der erste anbiss. Also begann sie ihren Streifzug und ging langsam zwischen den auf niedrigen Sockeln stehenden Automodellen umher.

Es war selbst für sie als Laie sofort ersichtlich, dass die ausgestellten Modelle vom Design und von der Gestaltung her Maßstäbe gesetzt hatten und zu Recht ein so riesiges Interesse fanden. Fahrzeuge wie der Jaguar E-Type von 1961, der Lancia Aurelia Spider, Baujahr 1954, oder der Mercedes Benz 300 SL Coupe mit Flügeltüren von 1954, der ihr vorhin schon aufgefallen war, lockten die meisten Interessenten an. Die Fahrzeuge schienen eine magische Anziehungskraft auf die größtenteils männlichen Besucher zu haben, die sich wie neugierige, kleine Kinder um die verschiedenen Modelle drängelten. Michelle wusste genau, wie sie nun vorgehen musste. Männer, die ihr auf Anhieb gefielen, streifte sie im Vorbeigehen wie zufällig, manche berührte sie nur leicht am Arm, andere stupste sie auch mit ihrem Po an. Ein paar Mal drängelte sie sich in einem Pulk auch ein bisschen nach vorn und dabei ließ es sich natürlich nicht vermeiden, dass der ein oder andere Mann auch mit ihren Brüsten in Berührung kam.

Die Reaktionen seitens der Männer ließen nicht lange auf sich warten. Wenn sie auch gerade noch fasziniert auf den beeindruckenden Sportwagen vor sich gestarrt hatten, sobald sie Michelle wahrnahmen und sie im besten Fall auch noch Augenkontakt mit ihnen aufnehmen konnte, ließ das Interesse am Automobil deutlich nach und fokussierte sich ganz schnell auf die in der Nähe stehende heiße Frau.

Klar gab es auch immer wieder Männer, die sie nur kurz anschauten und dann verstört den Blick wieder abwandten, weil sie nichts weiter mit ihr anfangen konnten, aber viele waren das nicht. Manchmal hatte sie auch nicht schnell genug bemerkt, dass der jeweilige Mann in Damenbegleitung hier war und deshalb natürlich gar nicht anders reagieren konnte. Zwar starrten viele von diesen Typen sie trotzdem für einen Augenblick unverhohlen geil an, wandten sich dann aber auch genauso schnell wieder den Ausstellungsstücken zu, um bloß keinen Stress mit Frau oder Freundin zu bekommen. Dafür hatte Michelle durchaus Verständnis - sie selbst hatte ja auch kein Interesse an irgendwelchen Eifersuchtsszenen.

Auf diese Weise zog sich das Spielchen nun schon eine gute halbe Stunde hin, gefiel ihr jemand, zog sie seine Aufmerksamkeit auf sich und ging dann erst mal weiter, so als ob von ihrer Seite nie etwas signalisiert worden wäre.

Bisher hatte das bei zwei Männern zur erhofften Resonanz geführt und sie waren ihr durch die Menge gefolgt. Einer hatte sie gefragt, ob sie nicht zusammen einen Kaffee trinken wollten, doch sie hatte dankend abgelehnt, weil ihr seine viel zu hohe Stimme nicht gefallen hatte. Der zweite Typ sah zwar fantastisch aus, entpuppte sich aber schon beim ersten kurzen Small Talk als Labertasche, der nur von sich erzählte und sie sorgte dafür, dass sie auch ihn schnell wieder loswurde.

Seit mehreren Minuten hatte sie nun einen weiteren attraktiven Kandidaten im Auge. Bisher hatte sie noch keinen Kontakt mit ihm aufgenommen, sondern ihn sich erst mal mit etwas Abstand angeschaut. Sie schätzte ihn auf Mitte vierzig und er besaß die Attribute, die sie anziehend fand. Er stand vor einem der unauffälligeren Sportwagen und betrachtete ihn interessiert. Weil rund um den niedrigen Sockel nicht viel los war, hatte sie sich spontan entschieden, sich ihm genau gegenüber auf die andere

Seite des Modells zu stellen und ihn sich erst mal in Ruhe genauer anzusehen - also den Mann, nicht den Wagen.

Ja, der Typ entsprach wirklich genau ihren Vorstellungen, er war groß, machte einen sportlichen Eindruck und trug einen sehr eleganten, modischen Anzug. Ein wenig erinnerte er sie an den aktuellen James Bond, Daniel Craig, vielleicht nicht ganz so breit gebaut, dafür aber mit schöneren Haaren. Definitiv ein Typ, der aus der anonymen Masse herausstach.

Als er das erste Mal hochschaute, gab sie sich zunächst noch uninteressiert und blickte nicht in seine Richtung. Dann beugte sie sich jedoch wie zufällig vor und tat so, als wenn sie am Interieur des Fahrzeugs interessiert wäre. Dass ihre Titten dabei fast aus dem Kleid fielen, war ihr schon klar, sie ließ es sich aber nicht anmerken. Und dass er sie jetzt überhaupt nicht mehr aus den Augen ließ, bekam sie natürlich genau mit, schließlich war sie eine Jägerin und wusste um ihre Ausstrahlung. Als sie wieder aufblickte und ihm mit gespielter Distanziertheit genau in die Augen sah, war die Jagd nicht nur eröffnet, sondern schon in vollem Gange. Er hielt den Blickkontakt zunächst und lächelte sie ausgesprochen nett und gleichzeitig sehr selbstbewusst an. Dann ließ er provokativ seinen Blick über ihren Körper wandern, bevor er ihr wieder in die Augen blickte.

Ja, das war ein Mann nach ihrem Geschmack, er wusste offensichtlich genau, was er wollte und sein Blick sagte ihr, dass er das auch meistens bekam. Es machte sie geil, wie er immer wieder den Augenkontakt aufgab, um ihren Körper zu betrachten und er sich dabei keinerlei Mühe gab, seine Gier zu verbergen.

Es war an der Zeit, den persönlichen Kontakt aufzunehmen und ein paar Dinge herauszufinden. Sie war zwar schon das eine oder andere Mal in der Situation gewesen, Sex mit einem Mann zu haben, ohne vorher auch nur ein Wort mit ihm gesprochen zu haben, aber für einen schnellen Fick oder eine geile Blasnummer eignete sich die heutige Location überhaupt nicht. Dafür war es einfach viel zu voll und es hier auf dem Klo zu treiben, dazu hatte sie keine Lust.

Er gefiel ihr und da sein brennendes Interesse an ihr vom ersten Moment an zu spüren gewesen war, erwiderte sie sein Lächeln. Langsam schlenderte er um das Auto herum und blieb neben ihr stehen. Der herb-männliche Geruch seines Parfums erreichte ihre Nase.

»Ich denke, wir brauchen nicht viel zu besprechen, oder?« Er hatte leise gesprochen, niemand der Umstehenden hatte etwas mitbekommen.

»Nein, das brauchen wir nicht.«

»Können wir zu dir gehen?«

»Ja, das ist kein Problem.«

»Okay, dann lass uns losgehen.« Er nahm ihre Hand und zusammen verließen sie die Ausstellung.

***

Sein Auto stand im Parkhaus nebenan und entsprach genauso ihrem Geschmack wie der ganze Mann. Er hielt ihr die Tür auf und sie stieg in das schwarze BMW Z4 Cabriolet.

Sie genoss die Autofahrt, ließ ihr Haar im Wind wehen und spürte die warme Sonne auf der Haut. Sie sprachen nicht viel, er machte ihr ein paar Komplimente und sie erfuhr, dass er Oliver hieß. Ob er verheiratet oder sonst wie liiert war, fragte sie nicht, das war sein Problem.

Er hatte fast die ganze Zeit eine Hand auf ihrem Bein liegen und die kurze Fahrt hatte gereicht, um sie richtig scharfzumachen. Ja, mit ihm wollte sie es treiben, er strahlte genau die Selbstsicherheit und Lässigkeit aus, die sie an einem Mann schätzte!

***

Als sie in ihrer Wohnung angekommen waren, hatte sie ihn direkt in ihr Schlafzimmer gezogen. Vorgeplänkel war nicht nötig, sie wussten beide, wofür sie hier waren. Sie hatten nur ihre Schuhe abgestreift und sich dann aufs Bett fallen lassen. Wild knutschend ertastete er ihren Körper, seine Hände wanderten forschend über ihre Titten und landeten schließlich auf ihrem Arsch. Er zog das kurze Kleid nach oben, umschloss ihre schönen, weichen Pobacken und griff fest zu. »Was für ein geiler Arsch«, flüsterte er.

Seine Hand glitt nach vorn zwischen ihre Beine. Er schob den schmalen String zur Seite und fuhr mit seinen Fingern an ihrem Spalt entlang. »Und was für eine nasse Pussy. Ich glaube, wir beide passen sehr gut zusammen.« Die Geilheit in seiner Stimme machte sie tierisch an.

Michelle wollte jetzt mehr von ihm sehen, und fing an, an seinem Gürtel zu fummeln. »Na los, zieh dich aus.«

Oliver setzte sich auf und streifte sein Jackett und sein Oberhemd ab. Ein beeindruckender Oberkörper kam zum Vorschein, durchtrainierter als sie erwartet hatte. Das fing ja schon mal vielversprechend an …

Sie schubste ihn zurück aufs Bett und glitt langsam nach unten. Seinen Gürtel hatte sie bereits geöffnet und jetzt blickte sie ihm lüstern in die Augen, während sie den Knopf und den Reißverschluss seiner Hose aufmachte.

Gekonnt zog sie Slip und Hose zusammen ein Stück nach unten und holte seinen Schwanz heraus. Dick und warm lag sein harter Ständer in ihrer Hand.

»Ja, wir beide passen tatsächlich sehr gut zusammen.« Sie hob den Schwanz an und fuhr mit der Zunge einmal über die dunkle Eichel. Er schmeckte leicht salzig und sie konnte seine Erregung deutlich spüren. Sofort griff sie etwas fester zu und Oliver stöhnte auf. Schnell befreite er sich von Hose, Slip und Socken und ließ sich dann wieder aufs Bett fallen. Er hatte ungewöhnlich dicke Eier und als Michelle eine Hand darum legte und vorsichtig anfing zu kneten, sah er sie schwer atmend an. »Na los, lutsch mir den Schwanz dabei!«

Das konnte er haben. Blasen war für sie immer ein guter Einstieg in geilen Sex, also rieb sie nur ein paar Mal an dem Schwengel auf und ab und ließ ihn dann in ihrem Mund verschwinden. Sie fing genauso vorsichtig an, wie sie seine Eier behandelte, jeder Mann mochte es anders, das wusste sie, aber er signalisierte ihr schnell, dass er eine härtere Gangart wünschte. Sie schloss die Lippen fester um den Schwanz und führte ihn tiefer ein, was er mit lautem Stöhnen quittierte. Es gefiel ihm also, und das war gut so, denn sie fühlte, wie sich ihre eigene Lust ebenfalls weiter steigerte, je intensiver und kräftiger sie an diesem knallharten Ständer saugte. Ihr Körper bebte und nachdem sie ihn eine Weile intensiv geblasen hatte, wollte sie unbedingt selbst berührt und befummelt werden.

Sie setzte sich auf und blickte ihn an. Langsam zog sie ihr enges Stretchkleid über die Schultern nach unten, so tief, dass ihre prallen Titten freilagen. Voller Gier starrte er sie an und als sie sich vorbeugte, griff er sofort zu. Er zog sie über sein Gesicht und begann, abwechselnd an den Nippeln zu saugen. Michelle stöhnte auf, das fühlte sich unglaublich geil an und sie hatte das Gefühl, dass ihr der Mösensaft an der Innenseite der Oberschenkel hinablief.

»Du geiles Biest!« Oliver keuchte mit rauer Stimme unter ihr und schien das, was er tat, mindestens so geil zu finden, wie sie selbst.

»Ich will, dass du mich jetzt endlich fickst!« Michelle wollte jetzt keine Sekunde mehr warten. Sie wollte seinen dicken, harten Schwanz endlich in sich haben und es war ihr vollkommen egal, welches Loch er dabei bevorzugte.

Laut keuchend schaute er sie von unten an. »Okay, aber lass dein Kleid dabei an, zieh nur den Slip aus!«

Beide standen vom Bett auf und Michelle streifte ihren durchnässten String ab. Sie fand es unglaublich geil, dass Oliver genau wusste, was er wollte und es auch deutlich aussprach. Sie ließ sich wieder aufs Bett fallen und spreizte ihre Beine. Mit aufgerichtetem Schwanz blieb er vor dem Bett stehen, betrachtete erst ihre Titten, die frei über dem runtergeschobenen Kleid lagen, und dann ausgiebig ihre so offenherzig präsentierte Pussy. Dann kam er über sie und mit einer einzigen schnellen Bewegung hatte er seinen Schwanz in ihre nasse Möse geschoben. Sie stöhnten beide auf, mühelos drang er in sie ein, es fühlte sich gleichzeitig weich und hart an und Michelle umschloss seinen Körper mit ihren Beinen, um ihn noch näher an sich heranzuziehen.

Er schob ihr Kleid so hoch, dass Arsch und Möse freilagen und begann dann zu ficken, kräftig, schnell und hart. Das machte er richtig geil, sein Körper war durchtrainiert und er brauchte keine Pause. Irgendwann richtete er sich etwas auf, griff nach ihren Beinen und drückte die Knie weit auseinander, damit er noch tiefer in sie eindringen konnte. In halb kniender Position fickte er sie weiter, den Blick auf seinen Schwanz gerichtet, der in ihre gespreizte Pussy fuhr. Sie konnte hören, wie seine Eier mit jedem Stoß gegen ihren Arsch klatschten. Irre, wie geil sich das anfühlte und Michelle heizte ihn noch weiter an, indem sie ihre dicken Titten zusammendrückte und in seine Richtung schob. Das Gefühl, das seine wild gegen sie klatschenden Eier auslösten, war ihr vollkommen neu. Sie fühlte, wie ihr Arsch heiß und empfindlich wurde und nach einer Weile jeder Stoß Schmerzen an ihrer geschundenen Haut auslöste. Es tat weh und es machte sie gleichzeitig geil - das kannte sie nicht. Und dann passierte es - wie aus dem Nichts brach ein unglaublicher Orgasmus über sie herein. In heftigen Wellen fuhr er durch ihre Pussy. Sie krallte ihre langen Fingernägel in das Laken, wand sich auf dem Bett und schrie dabei laut auf. Und durch ihre halb geschlossenen Lider konnte sie sehen, dass Oliver zufrieden grinste, während er mit unverminderter Heftigkeit weiterfickte.

Wahnsinn, was für ein geiler Ficker, und er schien überhaupt keine Ermüdungserscheinungen zu kennen! Doch jetzt, da ihr Orgasmus abgeklungen war, hörte er auf, sich zu bewegen.

»Scheint dir zu gefallen, wie ich dich ficke, Süße«, stellte er fest.

Sie schlug die Augen wieder auf und lächelte ihn an. »Wow, ja, das war super.« Dann zwinkerte sie ihm zu. »Da hab ich ja einen richtig guten Fang mit dir gemacht.«

Er fing an, sich wieder ganz langsam zu bewegen. »Und, hast du Lust auf noch mehr Sauereien?«

Sie nahm seine Hände und zog ihn über sich. »Auf jeden Fall«, flüsterte sie in sein Ohr, »aber ich brauche jetzt mal einen Stellungswechsel.«

»Kein Problem, ich würde mir auch gern mal deine Hinteransicht ansehen!« Er umfasste ihre Hüften, drehte sie mit einem Ruck auf den Bauch und ließ seinen Blick über sie gleiten. Dann legte er sich auf sie und flüsterte in ihr Ohr: »Was für ein geiler Arsch! Sieht zwar so aus, als hätte der schon ein bisschen was abbekommen, aber ich glaube, der verträgt noch mehr, oder?« Dabei rieb er die ganze Zeit mit seinem Schwanz an ihrem Hintern entlang. Jetzt griff er mit einer Hand zwischen ihre Beine und fing an, die herausgelaufene Nässe zwischen ihren Arschbacken zu verteilen. »Und, hast du Lust darauf?«, flüsterte er wieder in ihr Ohr.

Ja, das hatte sie. Ihr Hintern brannte zwar immer noch etwas, aber anders als sie erwartet hatte, löste dieses ungewohnte Gefühl ein Verlangen nach mehr bei ihr aus. Sie wollte, dass er sich weiter mit ihrem Arsch beschäftigte, deshalb nickte sie einfach nur in das Kissen. Er setze sich auf und hob sie mit seinen kräftigen Armen an, bis sie auf allen vieren stand. Zärtlich streichelte er an ihrem Rücken entlang und umfasste dann mit beiden Händen ihre Arschbacken. »An dir ist wirklich alles geil, aber am geilsten ist dein Arsch!« Jetzt klang seine Stimme rau und verlangend.

Michelle verspürte ein heftiges Ziehen in ihrer Klit. Dieser Mann machte sie wirklich unglaublich geil und ihre Erregung hatte trotz des heftigen Orgasmus‘ gerade noch kein bisschen nachgelassen. Sie schob ihren Hintern weiter nach hinten raus und bot sich ihm ungehemmt an. Sofort fühlte sie, wie ein Finger vorsichtig zwischen ihren Arschbacken auf und ab glitt und dann in sie eindrang. Sie stöhnte auf und der Finger schob sich mühelos tiefer in sie. Olivers Atem wurde schneller. »Ja, so mag ich's. Du kannst es ja gar nicht abwarten!«

Er zog den Finger wieder heraus und jetzt drückte seine Eichel gegen ihren Eingang. Langsam schob er sein dickes Rohr in sie hinein und sofort war klar, dass er ohne Probleme in ihren Arsch eindringen konnte. Er fing an zu ficken und kam bei jedem Stoß tiefer in sie hinein. Sein schwerer Atem ging in lautes Keuchen über, das hier machte ihn offensichtlich richtig geil und Michelle konnte fühlen, wie sein ohnehin schon dickes Rohr in ihrem Arsch noch eine Spur mehr anschwoll. Schnell wurde der Griff um ihre Hüften fester und seine Stöße härter und fordernder. Sie konnte sich nicht erinnern, schon einmal so einen harten Prengel im Arsch gehabt zu haben und die Leidenschaft, mit der er ihr seinen Schwanz reintrieb, machte sie unglaublich an. Ihr lautes Stöhnen erfüllte den Raum und als er jetzt auch noch eine Hand zwischen ihre Beine schob, hielt sie es vor Geilheit kaum noch aus. Er schob ihr zwei Finger in die nasse Pussy und mit einem weiteren begann er, ihre Lustperle zu reiben. *Was für ein geiler, hemmungsloser Typ*, schoss es ihr durch den Kopf. Er fingerte sie so gekonnt, während er sie gleichzeitig unbeirrt weiter in den Arsch fickte, dass sie innerhalb von Sekunden explodierte. Ihr Unterleib zog sich zusammen und der nächste Orgasmus schoss durch ihre Klit, genauso heftig wie beim ersten Mal. Sie drückte ihr Gesicht in das Kopfkissen, um ihre lauten Schreie zu unterdrücken, und gab sich ganz den Wellen hin, die sie durchströmten.

Oliver hatte kurz innegehalten und nur vorsichtig ihre Klit weiter gerieben, bis ihr Orgasmus vorbei war, aber als sie sich jetzt wieder aufrichtete, gab es auch für ihn kein Halten mehr. Er stieß nur noch ein einziges Mal zu, dann konnte sie das Zucken seines Schwanzes in ihrem Arsch spüren. Obwohl er sich jetzt nicht mehr bewegte, war klar, dass es ihm kam. Seine Hände krallten sich in ihre Hüften, sein Atem ging keuchend und sein Zucken bestätigte ihr, dass er sie gerade vollspritzte.

Als er fertig war, zog er sich stöhnend aus ihr zurück. »Oh Mann, war das geil!« Er keuchte immer noch heftig und sichtbar ausgepowert ließ er sich auf das Bett fallen. »Ich glaube, ich werde langsam zu alt für solche Spielchen!«

Michelle kuschelte sich an ihn. »Ach was, du kannst mir glauben, geiler hat's mir noch keiner besorgt!«

Jetzt grinste er sie zufrieden an. »Ich hab auch noch nie ‘ne schärfere Braut als dich gefickt, ehrlich. Als ich dich in der Ausstellung gesehen habe, war ich sofort heiß. Ich konnte es kaum glauben, dass du dann tatsächlich auch noch Interesse an mir hattest …«

***

Eine gute halbe Stunde später stand Michelle in ihrem roten Satinbademantel am Küchenfenster und sah dem davonbrausenden BMW Z4 hinterher. Zum ersten Mal, seit sie auf Männerjagd ging, hatte sie eines ihrer Prinzipien gebrochen. Sie lächelte vor sich hin und stellte sich vor, wie Oliver wohl reagieren würde, wenn er den Zettel mit ihrer Telefonnummer in der Tasche seines Jacketts finden würde. Sie konnte sich nicht vorstellen, dass er sich nicht melden würde …

Latin Lover – Wachs in seinen Händen

Was für eine Körperspannung! In seiner Haltung spiegelte sich die ideale Mischung aus purer Kraft und unglaublicher Eleganz perfekt wider. Unweigerlich musste sie an einen spanischen Conquistador, bereit zum Angriff, denken und ein verstecktes Lächeln huschte über ihr Gesicht. Ganz in schwarz gekleidet, die dunklen Locken in einem Zopf gebändigt, den glühenden Blick fest auf sie gerichtet, stand er vor ihr. Obwohl sie Schuhe mit hohen Absätzen trug, überragte er sie um einen halben Kopf und selbstverständlich wusste er um seine Wirkung auf sie und das weibliche Publikum des Clubs. Jetzt legte er eine Hand fest um ihre Taille und mit einer Bewegung, die keinen Widerspruch duldete, zog er sie näher zu sich. Meine Güte, sie hatten gerade erst begonnen und mit ihrer Beherrschung war es fast schon vorbei! Allein mit seinem dominanten Auftreten war es ihm mal wieder gelungen, ihre Lust schlagartig zu wecken. Am liebsten wäre sie ihm augenblicklich um den Hals gefallen und hätte ihr Becken gegen ihn gedrückt, um ihn so intensiv wie möglich zu spüren, aber das wäre wohl hier und jetzt ziemlich unpassend gewesen, also riss sie sich zusammen. Sein betörender Duft erreichte sie und für einen Moment schloss sie die Augen und nahm seinen männlichen Geruch in sich auf. Dann setzten die ersten Takte der Musik ein und sie schlug die Augen wieder auf und sah ihn an.

Er erwiderte ihren Blick mit seinen tiefgründigen braunen Augen und ein selbstsicheres Lächeln umspielte seine Mundwinkel. Das kurze Intro des Musikstücks, ein stimmungsvolles Klavierspiel, näherte sich dem Ende und weitere Instrumente setzten ein. Die Salsa-Version von Coldplays »Clocks« – eines ihrer Lieblingsstücke – wurde gespielt. Er gab ihr ein fast unsichtbares Zeichen mit seinen Augen und ihre Körper begannen, sich in absoluter Übereinstimmung zu bewegen. Sie ließ sich von ihm führen und obwohl die zahlreichen Besucher des Clubs dicht gedrängt rund um die Tanzfläche und auf der Balustrade in der oberen Etage standen, waren sie in diesem Moment ganz allein. Jetzt gab es nur noch ihn und sie – Raúl und Mia.

Im Gegensatz zu ihren eigenen Gefühlen herrschte um sie herum eine ausgelassene, überschäumende Stimmung. Das Publikum des »Cuba Libre«-Clubs hatte sich im Laufe des Abends, angetrieben durch die heißen Rhythmen und die Darbietungen auf der Tanzfläche, immer weiter in eine nahezu rauschhafte Atmosphäre gesteigert. Die Besucher bewegten sich im Takt der Musik, ließen sich von den Tänzern in der Mitte des Raums mitreißen, es wurde gelacht und geflirtet und es schien niemanden zu geben, der sich der aufgeheizten Stimmung und der gleichzeitig irgendwie intimen Aura, die über allem lag, entziehen konnte.

Mia folgte Raúls geschmeidigen Bewegungen. Souverän und mit perfektem Rhythmusgefühl führte er sie durch das Gedränge auf der Tanzfläche. Inzwischen ergänzten sie sich mit traumwandlerischer Sicherheit, sie verließ sich zu einhundert Prozent auf ihn, und hätte genauso gut mit geschlossenen Augen tanzen können. Kaum zu glauben, was zehn Wochen hartes Training ausmachen konnten!

Eigentlich war sie eine Anfängerin, aber sie war sich sicher, dass das niemandem im Publikum auffallen würde. Raúl hatte es geschafft, sie mit einer Mischung aus Strenge und Motivation,

Disziplin und Hingabe, für den heutigen Tag in Topform zu bringen. Dass sie als Tanzpartnerin des Tanzschulbesitzers und sicherlich besten Tänzers heute hier im »Cuba Libre« auftreten würde, hatte sie einem Zufall zu verdanken. Sie hatte den Salsa-Kurs bei Raúl zusammen mit einem guten Freund gebucht. Unglücklicherweise hatte der sich während der ersten Tanzstunde einen Bänderriss zugezogen und konnte den Kurs nicht mehr fortsetzen. Raúl hatte seinen Part übernommen und wohl schnell festgestellt, dass sie tatsächlich ein bisschen Talent hatte. Damit war sein Ehrgeiz geweckt und als er ihr angeboten hatte, sie für den heutigen Abend als seine Tanzpartnerin fit zu machen, hatte Mia begeistert zugestimmt. Dass das Training, das von da an natürlich außerhalb des normalen Tanzkurses stattfand, so hart sein würde, hatte sie sich in ihren kühnsten Träumen nicht vorstellen können. Aber sie hatte durchgehalten und jetzt war es endlich soweit. Das Salsafestival, das jedes Jahr vom »Cuba Libre«-Club ausgerichtet wurde, erreichte mit dem Auftritt von Raúls Tanzschule den abschließenden Höhepunkt und sie stand zusammen mit ihm und sieben anderen Paaren aus seiner Tanzschule auf der Tanzfläche! Ihr Traum war in Erfüllung gegangen – sie war nicht als Zuschauerin hier, sondern gehörte zu denjenigen, die dem begeisterten Publikum ihr Können zeigen durften. Dass sie dies auch noch mit dem attraktivsten Mann, den sie sich vorstellen konnte, tun durfte, machte ihr Glück perfekt.

Der Weg bis hierhin war allerdings alles andere als Zuckerschlecken gewesen. Nicht nur, dass Raúl ihr in den letzten Wochen körperlich alles abverlangt hatte, er hatte sie mit seiner dominanten und äußerst machohaften Art auch manches Mal an den Rand des Wahnsinns getrieben. Ständig war sie hin- und hergerissen zwischen dem Verlangen, ihn für sein überhebliches und unfassbar kompromissloses Verhalten einfach zu ohrfeigen und ihm für immer den Rücken zu kehren und diesem ganz anderen Gefühl, welches er bei ihr auslöste. Es fiel ihr schwer, es sich einzugestehen – aber ja, dieser Mann machte sie einfach nur heiß und sie wusste, dass sie ihm niemals würde widerstehen können, wenn er auch nur mit dem kleinen Finger nach ihr winken würde. Nur leider hatte er das bisher noch nicht getan.

Aber davon ließ Mia sich nicht entmutigen. Es gehörte wohl zu seinem dominanten und machohaften Wesen, ihr gegenüber nicht allzu viele Zugeständnisse zu machen – aber das hieß ja nicht, dass es in seinem Inneren nicht auch brodelte. Ihre Hoffnungen lagen ganz bei der heutigen After-Show-Party, die den Darbietungen der Profis aus den Tanzschulen folgen würde. Sie war sich sicher, dann einen ganz anderen Raúl kennenlernen zu können – nicht den professionellen Tanzlehrer, sondern den heißblütigen Latin Lover. Der Gedanke daran löste einen Stich zwischen ihren Beinen aus und sie hatte das Gefühl, dass ein Schwall heißer Nässe ihren Slip durchfeuchtete. Auch Raúl schien etwas zu bemerken, denn mit einer bestimmenden Geste führte er sie in eine komplizierte Drehbewegung und sofort konzentrierte sich Mia wieder ganz auf den Tanz. Einen Fehler wegen Unkonzentriertheit würde er ihr sicher nicht verzeihen, schließlich stand der exzellente Ruf seiner Tanzschule auf dem Spiel.

Sie würden an diesem Abend zu drei verschiedenen Musikstücken tanzen und obwohl sie gerade erst angefangen hatten, hatten sie die Gäste des Clubs bereits auf ihrer Seite. Das Publikum tobte und überall wurde begeistert mitgeklatscht. Die Outfits der Tänzer waren aufeinander abgestimmt, die Männer waren ganz in schwarz gekleidet und die Frauen trugen rote, tief ausgeschnittene Kleider mit schwingenden Röcken. Genau die richtige Farbkombination für diesen feurigen Tanz und die Zuschauer honorierten auch dies mit anhaltender Begeisterung. Auf Mias Gesicht lag jetzt ein freudig-erregtes Strahlen und zusammen mit den anderen Paaren legten sie und Raúl einen mitreißenden Auftritt gepaart mit cooler Eleganz auf das Parkett. Diese Inszenierung würde den Bekanntheitsgrad von Raúls Tanzschule sicherlich noch weiter steigern und bildete für ihn und seine Mittänzer den krönenden Abschluss und den Lohn für das harte Training der vergangenen strapaziösen Wochen.

Die Zeit auf der Tanzfläche flog für Mia nur so dahin, sie zeigte alles, was sie gelernt hatte, ließ die Hüften kreisen und tanzte wie im Rausch unter der Führung ihres Tanzlehrers zu den mitreißenden Rhythmen der Musik. Als die acht Paare sich nach dem Ausklingen der letzten Töne schließlich vor dem tobenden Publikum verbeugten, war Mias Körper von Schweiß bedeckt und ihr Herz raste, aber sie fühlte sich wie eine junge Göttin.

Raúl grinste sie von der Seite an. »Nicht schlecht für eine Blondine, dein Auftritt heute.« Sie streckte ihm die Zunge heraus und lachend zog er sie von der Tanzfläche. »Komm, du hast dir einen Drink verdient, ich lade dich ein.«

Der Clubbesitzer hatte gerade die After-Show-Party offiziell für eröffnet erklärt und Raúl bahnte sich einen Weg durch die heranströmenden Leute zu der lang gezogenen Bar. Mia entging natürlich nicht, wie viele Frauen ihm unverhohlen hinterher starrten, aber sie folgte ihm selbstsicher durch die Menge, schließlich hielt er gerade sie an der Hand und nicht irgendeine andere Frau. Und sie selbst konnte den Blick ja auch nicht von seinem knackigen Arsch und seinem muskulösen Oberkörper abwenden, von daher konnte sie die anderen Frauen gut verstehen.

Ohne sie nach ihrem Getränkewunsch zu fragen, bestellte Raúl zwei Mojitos. Als sie anstießen, legte er einen Arm um sie und zog sie zu sich. »Du hast mich beim Tanzen echt heiß gemacht, Mia!« Überrascht sah sie ihn an, damit hatte sie jetzt nicht gerechnet. Sein Griff wurde fester. »Pass lieber auf, dass du mich nicht zu wild machst, wenn wir gleich weitertanzen.« Das war jetzt typisch Raúl. Besonders freundlich hatte er nicht gesprochen und seine

Hand hielt sie eine Spur zu fest umklammert. Aber trotzdem war das auch wieder einer dieser verflixten Momente – es machte sie unglaublich scharf, wenn er sich so machohaft verhielt.

Sie entzog sich seinem Griff und versuchte zu kontern. »Du musst dich ja nicht anmachen lassen, wenn du nicht willst!« Sein amüsiertes Grinsen brachte sie schon wieder zur Weißglut, aber bevor sie ihm ein paar Takte dazu sagen konnte, hatte er ihr das Glas aus der Hand genommen und es auf der Bar abgestellt. »Komm mit, ich will tanzen!« Ohne eine Antwort abzuwarten, bugsierte er sie wieder zur Tanzfläche.

Okay, wenn der Herr das wünschte, dann würde sie jetzt eben mit ihm tanzen. Es war ja nicht so, dass sie es nicht wollte, aber eine etwas höflichere Anfrage hätte ihr schon gefallen. Sie ärgerte sich über ihn, aber allein sein absolut souveränes Auftreten auf der Tanzfläche entschädigte sie sofort wieder. Selbstsicher führte er sie zwischen den anderen Paaren hindurch und dirigierte sie in die wildesten Drehungen. Nach wenigen Sekunden hatte Mia sich seinem ungestümen Tanzstil angepasst und selbstbewusst und mit erhobenem Kopf ließ sie die Hüften kreisen. Jetzt hatte sie keine Lust mehr, sich von ihm herumkommandieren zu lassen, und sie nahm sich vor, ihm mal zu zeigen, dass er zwar offiziell die Führung hatte, dass sie jedoch trotzdem bestimmen konnte, wo es langging. Lasziv bewegte sie sich vor ihm und in seinen Armen und es war nicht zu übersehen, dass es ihm gefiel. Mit glühenden Augen betrachtete er ihren schwingenden Körper in dem roten Kleid, konnte seinen Blick kaum von den harten Nippeln lösen, die sich unter dem glänzenden Stoff abzeichneten und ließ seine Hände immer wieder über ihren kreisenden runden Arsch wandern. Als er sie nach einer Drehung ganz eng an sich heranzog, drückte er sein Becken fest gegen sie und es war eindeutig, dass er sie seine harte Latte spüren lassen wollte. Jetzt war es an ihr, amüsiert zu grinsen, aber sie machte es unauffällig, schließlich wollte sie ihren Macho nicht düpieren. Die Luft knisterte zwischen ihnen, das war eindeutig und Mia tat alles dafür, dass es auch so blieb.

Dann beugte er sich zu ihr herunter. »Zeit für uns zu gehen, was meinst du?« Oh, er konnte sie ja sogar nach ihrer Meinung fragen, eine ganz neue Seite an Raúl! Obwohl ihr Herz bei der Vorstellung, mit ihm allein zu sein, wie wild pochte, versuchte sie, zumindest einigermaßen cool zu antworten. »Ja, warum nicht, ist ja eh viel zu voll hier.«

Zwei Minuten später standen sie vor dem Club und Raúl winkte ein Taxi heran und nannte dem Fahrer eine Adresse. Er legte seinen Arm um sie, während sie durch die Nacht fuhren und Mia konnte die Hitze spüren, die von ihm ausging. Sie war so unglaublich geil auf diesen Mann! Wenn sie daran dachte, wie viele Frauen ihn heute Abend angeschmachtet hatten und wie viele offensichtliche Verehrerinnen er auch in seiner Tanzschule hatte, konnte sie es kaum glauben, dass sie diejenige war, die heute Abend mit ihm nach Hause fuhr. Sie machte sich nichts vor, hier ging es nicht um eine Liebesnacht, aber das war ihr egal. Sie wollte sich von diesem unwiderstehlichen Mann einfach nur ficken lassen und sie hatte keine Zweifel daran, dass genau dies gleich passieren würde.

Das Taxi hielt, Raúl bezahlte den Fahrer und dann standen sie zusammen in seiner Wohnung. Er hatte nur eine kleine Tischleuchte im Eingangsbereich angemacht, der Rest der Wohnung lag im Dunkeln. Für zwei, drei Sekunden standen sie sich wortlos gegenüber, dann gab es für beide kein Halten mehr. Während sie sich leidenschaftlich küssten und ihre Körper aneinanderdrückten, dirigierte Raúl Mia durch die dunkle Wohnung. Seine Stimme klang rau, als er in ihr Ohr flüsterte und die aufgestaute Geilheit darin war nicht zu überhören. »Darauf warte ich schon seit Wochen!«

Mia schloss die Augen. Ihr Herz raste, ein wildes Ziehen hatte sich in ihrer Pussy breitgemacht und sie wollte es sich von diesem heißen Mann einfach nur besorgen lassen, so schnell und so hart wie möglich. Willenlos ließ sie sich von ihm durch eine Tür schieben und schon spürte sie, wie ihre Beine gegen etwas stießen. Sein Bett, endlich! Blitzschnell hatte sie ihr Kleid und ihren Slip abgestreift und ließ sich nach hinten fallen. Im schwachen Licht, das aus dem Flur ins Schlafzimmer fiel, konnte sie schemenhaft erkennen, wie sich Raúl ebenfalls seiner Kleidung entledigte. Dann stieg er nackt zu ihr auf das Bett. Sein harter Schwanz berührte ihre Pussy und sie öffnete die Beine und zog ihn über sich. Wild knutschend ertasteten sie gegenseitig ihre Körper, dann fühlte sie, wie er seinen steifen Schwanz ein paar Mal zwischen ihren Schamlippen auf und ab rieb, bis er den Eingang gefunden hatte. Mit einem Ruck schob er sein dickes Rohr in ihre geöffnete Pussy. Ja! Er war hart und groß und er füllte sie herrlich aus. Sie war so nass, dass er mühelos tief in sie eindringen konnte und doch fühlte es sich so an, als dürfte sein Schwanz nicht auch nur eine Spur länger oder dicker sein, so eng umschloss sie ihn. Er stützte sich mit den Armen neben ihrem Kopf ab und Mia legte ihre Beine um ihn, damit er so tief wie möglich in sie hineinkam. Sein triebhafter und ungezügelter Fickrhythmus machte sie tierisch an, sie drückte sich ihm entgegen und genau wie Raúl stöhnte sie laut und hemmungslos bei jedem Stoß. Er vögelte sie wie in Ekstase und wie im Rausch ließ sie sich von ihm ficken. Genau so brauchte sie es jetzt, genau darauf wartete sie seit Wochen! Ihr Orgasmus kam nicht überraschend, aber mit einer unglaublichen Intensität. Heftige Wellen durchzuckten ihre Pussy und ihren Kitzler und sie schrie laut auf. Keuchend fickte Raúl sie weiter und nur Sekunden später kam es ihm selbst. Seine Stimme überschlug sich fast. »Ja, Baby, das ist so geil, mit dir zu ficken!« Das Zucken ihrer Pussy vermischte sich mit dem Zucken seines Schwanzes und verstärkte Mias Orgasmus noch einmal. Auch Raúl war wie im Rausch. Er hatte den Kopf in den Nacken geworfen und versuchte erst gar nicht, seine Schreie zu unterdrücken.

Schließlich wurden seine Bewegungen langsamer und erschöpft sank er über ihr zusammen. »Oh, mein Gott, was war das denn?«, stöhnte er, immer noch völlig außer Atem.

Leise keuchend lächelte Mia ihn an. »Ich weiß auch nicht, sieht ganz so aus, als hätten wir es beide mal so richtig gebraucht.«

Raùl rollte sich neben sie und bedeckte ihr Gesicht und ihre Brüste mit kleinen Küssen. »Da hast du wohl recht. Du kannst dir nicht vorstellen, wie lange ich schon von heißem Sex mit dir träume!«

»Tatsächlich?« Mia sah ihn erstaunt an. »Dann hast du das aber verdammt gut verborgen.« Jetzt musste Raúl grinsen. »Manchmal kann es nicht schaden, eine schöne Frau auch mal ein bisschen zappeln zu lassen. Dann werden sie nämlich umso wilder.«

Da war er wieder, der Macho in Raúl. Aber eigentlich hatte er ja recht. Er hatte sie in der Tanzschule nicht gerade mit Komplimenten überschüttet und trotzdem hatte ihn allein seine stolze und männliche Art für sie unglaublich reizvoll und interessant gemacht.

Raúl löste sich von ihr und stand auf. Sie hörte, wie er in einer Schublade kramte und dann flammte ein Streichholz auf. »Ich möchte endlich deinen schönen Körper sehen«, erklärte er und dann zündete er vier Kerzen an, die auf einem Sideboard standen. Danach riss er ein neues Streichholz an und weitere Kerzen, die überall im Raum verteilt standen, flammten auf und tauchten das Schlafzimmer in ein warmes, erotisches Licht.

Mia lag auf dem Bett und ließ ihre Augen über den Körper ihres Latin Lovers streichen. Was für ein geiler Anblick! Sein vom Tanzen durchtrainierter, schlanker Körper sah fantastisch aus, sein Arsch gefiel ihr noch besser, als sie sowieso schon vermutet hatte und sein Schwanz – na ja, dazu gab es nach der Nummer gerade nicht mehr viel zu sagen. Auch Raúl nutzte den Kerzenschein und betrachtete sie ausgiebig. Mit ihren blonden Haaren, ihrer hellen Haut und ihren zartrosa Nippeln war sie das genaue Gegenteil von ihm, aber auch sie hatte einen wohlgeformten Körper mit kleinen, runden Brüsten, einer schlanken Taille und einem knackigen Po.

Er löste seinen Blick von ihr. »Ich hole uns etwas zu trinken, lauf nicht weg!« Das hatte sie ganz bestimmt nicht vor und als Raúl das Schlafzimmer verlassen hatte, drehte sie sich auf den Bauch und hob ihren Hintern etwas an. Sie wollte ihn ein bisschen reizen, er sollte ruhig sehen, was für einen geilen Arsch sie hatte, und dass er mit ihr einen genauso guten Fang gemacht hatte, wie sie mit ihm. Und die Vorstellung, dass er sie von hinten nehmen würde, löste schon wieder ein lustvolles Ziehen zwischen ihren Beinen aus. Denn dass es nicht bei diesem einen, viel zu schnellen Fick bleiben würde, davon ging sie fest aus.

Als seine Schritte sich dem Schlafzimmer wieder näherten, streckte sie den Arsch noch weiter nach oben und stellte auch die Beine etwas auseinander. Er blieb abrupt stehen und sog hörbar die Luft ein. Sie hörte die Flaschen und Gläser klirren, als er sie auf dem Sideboard abstellte.

»Oh, wow, bleib so!« Innerhalb von Sekunden war er hinter ihr auf dem Bett. Sie spürte seine Hände, die ihre Pobacken umfassten, und seinen heißen Atem auf ihrem Rücken, als er sich über sie beugte. Dann schob er ihre Haare zur Seite und küsste ihren Nacken. Langsam arbeitete er sich mit Küssen an ihrer Wirbelsäule entlang und näherte sich in kleinen Schritten ihren Pobacken. Eine Gänsehaut zog sich über Mias Körper, die von jedem Kuss noch verstärkt wurde. Ihre Nippel hatten sich zusammengezogen und wenn sie das Kopfkissen streiften, war es fast schmerzhaft, so hart waren sie. Raúl war mittlerweile mit seinem Mund an ihrem Steißbein angekommen und setzte seinen Weg weiter fort. Jetzt schob er ihr zwei Finger in die nasse Möse und bewegte sie vor und zurück. Das plätschernde Geräusch, das dabei entstand, ließ ihn leise aufstöhnen. Er zog die nassen Finger wieder hervor und begann, sanft den Mösensaft zwischen ihren Pobacken zu verreiben. Seine Zunge unterstützte ihn dabei von der anderen Seite und Mia beugte sich willig weiter vor und drückte ihren Kopf in das Kissen. Es war ihre erste Nacht mit Raúl, aber mit ihm konnte sie sich alles vorstellen. Dann richtete er sich auf und sie fühlte sein hartes Rohr zwischen ihren Pobacken. Er bewegte sich langsam und vorsichtig. Doch was tat er da? Statt in sie einzudringen, so wie sie es erwartet hatte, bewegte er seinen harten Schwanz zwischen ihren prallen Pobacken auf und ab. Mit beiden Händen drückte er die üppigen Rundungen um seinen Schwanz und ließ ihn durch die Nässe gleiten, die er gerade selbst dort verteilt hatte. Das war ein völlig unbekanntes Gefühl für Mia, doch die gleichmäßige Reibung zwischen ihren Arschbacken fühlte sich aufregend und neu an und die gerade abgeklungene Gänsehaut verstärkte sich wieder. Dann hörte sie Raúl flüstern: »Dein Arsch ist ein Traum. Komm hoch, dann fühlt es sich noch besser an.« Mia hob den Kopf und stellte sich auf alle viere. Tatsächlich, so erhöhte sich der Druck, den Raúls Schwanz ausübte, noch einmal. Ein geiles Stöhnen drang aus seiner Kehle, während er ihre Pobacken eng um seine Latte drückte und sich so an ihr rieb. So hatte sich bisher noch kein Kerl an ihrem prallen Hintern aufgegeilt und Mia war überrascht davon, wie sehr sie selbst davon angeturnt wurde. Jetzt strichen seine Hände an ihren Oberschenkeln entlang und der Druck zwischen ihren Arschbacken ließ nach. Das Warten auf das, was als nächstes passieren würde, erregte sie unglaublich und sie konnte geradezu spüren, wie ihre Schamlippen und ihre Klitoris anschwollen.

Plötzlich ließ sie ein brennender Schmerz auf ihrem Steißbein zusammenzucken. Was war das? Und noch einmal verspürte sie dieses schmerzhafte Brennen. Erschrocken drehte sie den Kopf nach hinten. Raúl hielt eine Kerze in der Hand und schaute fasziniert auf das Wachs, das er gerade auf ihr Steißbein hatte tropfen lassen. »Raúl!«, setzte sie empört an, doch der strich nur beruhigend über ihren Rücken. »Baby, keine Angst, ich bin ganz vorsichtig.« Jetzt schaute er ihr direkt in die Augen. »Vertrau mir. Es wird dir gefallen.«

Wie sollte sie diesem Blick nur widerstehen? Es ging einfach nicht ... Das war jetzt schon die zweite neue Erfahrung für sie, aber sie würde sich darauf einlassen. Irgendwie war sie sich sicher, dass Raúl es schaffen würde, sie zu ungeahnten sexuellen Höhepunkten zu führen. Und sie fühlte jetzt schon, wie sich an der gerade noch brennenden Stelle eine angenehme Wärme ausbreitete. »Okay, Raúl, ich vertraue dir«, flüsterte sie und dann schaute sie wieder nach vorn und wartete ab. Der nächste Schmerz ließ nicht lange auf dich warten, dieses Mal hatte er das Wachs ein kleines Stück über ihrem Steißbein auf ihren Rücken tropfen lassen. Mia sog scharf die Luft ein, gab aber keinen weiteren Laut von sich. Sie fühlte, wie seine Hand sich zwischen ihre Beine schob und langsam anfing, zu reiben. Ihr Rücken brannte und gleichzeitig pochte ihr Kitzler wie verrückt – was für ein Gefühlschaos! Dann tropfte erneut heißes Wachs auf ihren Rücken und der Schmerz nahm wieder überhand. Sie wollte Raúl gerade sagen, dass es jetzt genug sei, da fühlte sie wieder seine Finger, die sanft zwischen ihren Schamlippen auf und ab glitten, die ausströmende Nässe verteilten und dann sanft an ihrem Kitzler rieben. Ein fast unerträgliches Gefühl von Geilheit durchfuhr sie. Mia stöhnte laut auf und als der nächste Schwall Wachs auf ihrem Rücken landete, wartete sie nur noch darauf, dass Raúls Finger wieder zum Einsatz kamen.

Abwechselnd ließ er jetzt das heiße Wachs auf ihren Rücken tropfen, um dann sofort seine Finger einzusetzen und ihr den Schmerz zu nehmen. Die heißen Spritzer wanderten Schritt für Schritt ihre Wirbelsäule hoch und als der erste Tropfen in ihrem Nacken landete, hielt Raúl inne.

»Und, soll ich aufhören?«, fragte er.

»Nein, bitte mach weiter!« Mia konnte selbst kaum glauben, dass sie das sagte. Eigentlich hatte sie gerade noch Angst vor dem immer wiederkehrenden brennenden Schmerz gehabt, aber gleichzeitig war das Gefühl, welches Raúl gleich darauf jedes Mal mit seinen Fingern bei ihr ausgelöst hatte, so intensiv und gnadenlos geil gewesen, dass sie sich nichts sehnlicher wünschte, als dass er weitermachen sollte.

Raúl griff zu einer neuen Kerze. »Ganz wie du wünschst!«

Irgendwie schaffte er es, mit dem Wachs immer genau die noch nicht bedeckten Stellen auf ihrer Wirbelsäule zu treffen, während er sich mit der Kerze langsam wieder in Richtung ihres prallen Arsches arbeitete. Nach dem zweiten Schwall Wachs spürte Mia seine Finger nicht zwischen ihren Beinen und überrascht blickte sie nach hinten. »Lass mich nur machen«, beruhigte Raúl sie sofort, und Mia schaute wieder nach vorn. Völlig unerwartet fiel ein weiterer Schwall des heißen Wachses auf ihren Rücken und zeitgleich spürte sie Raúls Eichel zwischen ihren Pobacken nach ihrem Eingang suchen. Mit einem sanften, aber gleichzeitig fordernden Ruck drang sein extrem hartes Rohr in sie ein. Mia schrie auf. Sie wusste nicht, was schmerzhafter war, das glühend heiße Wachs auf ihrem Rücken oder sein dicker Schwanz, der so kompromisslos in sie eindrang. »Raúl, bitte!«

Er hörte gar nicht auf ihr Wimmern und während er sich immer tiefer in ihren Arsch drückte, traf wieder ein Strahl Wachs ihre empfindliche Haut. Der Schmerz erschien ihr unerträglich und sie wollte sich ihm gerade entwinden, da waren plötzlich seine Finger wieder zwischen ihren Beinen. Der Griff an ihren Kitzler kam so überraschend und fühlte sich gleichzeitig so geil an, dass sie sofort stillhielt. »Ja, mach!« Mehr brachte sie nicht heraus, so sehr schoss das Gefühl von Geilheit und Verlangen durch ihren Körper. Jetzt fühlte sie nur noch seine Finger und die unglaubliche Nässe, die aus ihr herauslief. Seinen harten Schwanz, der unnachgiebig in ihren Arsch fickte und das Wachs, das er dabei immer noch auf sie tropfen ließ, spürte sie zwar immer noch, aber das geile Gefühl in ihrem Kitzler ließ sie den Schmerz vergessen. Sie stöhnte laut - genau so wollte sie es jetzt haben!

»Ja, schieb ihn mir richtig tief rein!« Sie drängte sich Raúls fickendem Schwanz entgegen und stellte die Beine so weit es ging auseinander, damit er mit seinen Fingern freien Zugang zu ihrer vor Geilheit bebenden Pussy hatte.

Als der erste Wachstropfen zwischen ihren Arschbacken landete, kam es ihr. Keuchend verbarg Mia ihr Gesicht in den Kissen, während ihr Becken heftig zu zucken begann. Raúl hörte nicht auf, sie zu reizen. Schwanz, Arsch, Wachs, Rücken, Finger, Pussy, Kitzler, sie vermeinte alles gleichzeitig zu spüren, dazu Schmerz, Druck, Hitze und ein unglaubliches Gefühl der Lust. Der Orgasmus überrollte sie, ihre Pussy und ihr Kitzler zuckten und ihr ganzer Unterleib bebte vor ungezügelter Geilheit. Sie ließ es einfach geschehen, sich auf irgendetwas zu konzentrieren, war nicht mehr möglich.

Jetzt konnte auch Raúl nicht mehr an sich halten. Er stieß noch einmal unglaublich hart zu, dann schoss das Sperma aus seinem Schwanz. Mit lautem Stöhnen begleitete er jeden Schub, der aus seiner dicken Eichel spritzte. »Ja, das ist geil, du bist so geil, Baby«, stieß er hervor und wenn Mia auch nicht sehr viel davon mitbekam, so war es ihr trotzdem klar, dass auch er gerade kam.

Dann wurde es ruhig, Raúl zog sich aus ihr zurück und ließ sich auf das Bett fallen. Erschöpft sank Mia neben ihn. Ihr ganzer Körper schmerzte und doch hatte sie sich noch nie so befriedigt gefühlt. Sie spürte, wie Raúls Hand nach ihr tastete. »Und, hat es dir gefallen?«, flüsterte er leise.

»Es war einfach unglaublich!« Sie drehte sich zu ihm. »So etwas habe ich noch nie gefühlt. Aber davon muss sich mein Körper erst mal wieder erholen!«

»Keine Angst!« Er grinste sie an. »Ich wollte nicht sofort die nächste Runde einlegen!« Dann beugte er sich zu ihr und küsste sie. »Obwohl, wenn ich so darüber nachdenke, vorstellen könnte ich es mir mit dir schon …«

Lachend schob sie ihn von sich weg. »Nun mal ganz ruhig, mein heißblütiger Latin Lover! Vor morgen früh läuft hier gar nichts mehr!«

Schneetreiben – Eingeschneit zu dritt

Langsam beschlich mich ein sehr mulmiges Gefühl. Wir hätten längst an der Seilbahnstation angekommen sein müssen, aber in dem dichten Schneetreiben war nichts zu sehen. Jessie, die direkt vor mir lief, blieb plötzlich stehen und drehte sich zu mir um. »Hörst du das?«

Ich lauschte angestrengt, aber außer dem Heulen des Windes hörte ich gar nichts. »Was denn?«, fragte ich zurück.

»Die Seilbahn fährt nicht mehr.« In ihrer Stimme klang ganz leichte Panik mit.

Verdammt, da hatte sie recht. Das monotone Brummen, das uns die ganze Zeit etwas Orientierung gegeben hatte, war nicht mehr zu hören.

»Was machen wir denn jetzt, Miri?« Mit großen Augen sah sie mich an. Leider fühlte ich mich genauso, wie sie gerade aussah, und es war klar, dass das momentan nicht sehr hilfreich war.

»Ich hab keine Ahnung, lass uns einfach weitergehen, wir können ja nicht hier stehenbleiben. Erst mal weiter, vielleicht ist die Station ja da vorn …«

Wir stapften weiter durch den Schnee und insgeheim schickte ich ein Stoßgebet zum Himmel, dass das hier gut ausgehen möge.

***

Dabei hatte der Tag so perfekt angefangen. Nach unserer gestrigen, äußerst lustigen Après-Ski-Sause hatten wir uns heute

Morgen mal gegen Skifahren und stattdessen lieber für einen Wellnesstag entschieden.

Mit Jessie kann man wirklich super feiern und gestern Abend hatten wir wie immer jede Menge Spaß gehabt. Zwei attraktive Frauen allein in Oberlech beim Après-Ski – da muss man nicht lange auf flirtinteressierte, nette Männer warten. Gestern waren es Alex und Felix, zwei lustige und feierwütige Freunde aus München, die genauso gut tanzen wie trinken konnten. Kurz hatten Jessie und ich überlegt, ob wir die beiden mit auf unser Hotelzimmer nehmen sollten, einem versauten Vierer gegenüber waren wir beide nicht abgeneigt, aber dann hatte die Vernunft doch noch gesiegt - so blau, wie die Jungs inzwischen waren, hätte das Ganze wohl nicht mehr viel Spaß gebracht. Also hatten wir uns irgendwann verabschiedet und waren allein nach Hause gezogen.

Heute Morgen fühlten wir uns dann beide doch noch ziemlich angeschlagen und viel geschlafen hatten wir auch nicht. Deshalb waren wir uns beim Frühstück auch schnell einig gewesen, dass wir es heute mal ganz gemütlich angehen lassen wollten.

In unsere kuscheligen Bademäntel gehüllt, hatten wir uns auf den Weg in den hoteleigenen Wellnessbereich gemacht und dort zunächst mal auf den äußerst bequemen Liegen etwas Schlaf nachgeholt. Danach ging es mit zwei gemütlichen Saunagängen weiter und anschließend wurden noch ein paar Runden im wohltemperierten Pool gedreht.

Als wir danach wieder auf unseren Liegen lagen und durch das große Panoramafenster in die wunderschöne weiße Winterlandschaft blickten, war es schon später Mittag. Langsam spürte ich die Hummeln in meinem Hintern wieder und begann mich zu langweilen. Für meinen Geschmack hatten wir uns jetzt genug erholt.

Gerade wollte ich Jessie fragen, wie sie das denn so sehen würde, da setzte sie sich auf. »Was meinst du, Miri? Langsam wird's langweilig, oder? Komm, lass uns noch irgendwas machen!«

Na also, auf meine Jessie war doch Verlass! Nicht umsonst waren wir beste Freundinnen, es gab fast nichts, worüber wir uns nicht einig waren. Sport in allen möglichen Varianten gehörte für uns genauso zum Leben wie Feiern und Flirten. Und da wir beide jetzt schon seit längerer Zeit solo waren, aber trotzdem Interesse an Sex hatten, gab es auch keinen Streit, wenn wir zusammen loszogen, aber getrennt nach Hause gingen.

»Ja, super Idee! Ich muss mich langsam auch mal wieder etwas bewegen«, erwiderte ich also und stand sofort auf. »Ich habe gestern an der Rezeption einen Flyer mit einem Vorschlag für eine Schneewanderung gesehen, sollen wir das mal ausprobieren?«

»Ja, an so was habe ich auch schon gedacht, super!« Jessie strahlte mich an. »Dann lass uns mal sofort losgehen, sonst wird es zu spät!«

***

Nur zwanzig Minuten später standen wir in dicken Jacken und warmen Stiefeln vor dem Hotel und marschierten los.

Die Strecke war auf dem Flyer gut beschrieben und begann in unmittelbarer Nähe unserer Unterkunft an der Bergstation der Bergbahn Oberlech. Bei herrlichem Sonnenschein folgten wir dem Winterwanderweg den Berg hinauf und genossen die klare Luft und den fantastischen Blick auf die Berge. Es tat einfach nur gut, sich wieder zu bewegen und als wir am Aussichtspunkt Tannegg angelangt waren, hielten wir uns nicht lange auf, sondern wanderten zügig weiter. Vorbei ging es an der Skihütte »Der Wolf«, und nach anderthalb Stunden hatten wir unser Ziel schon fast erreicht.

»Jetzt habe ich aber mal richtig Hunger!« Ich versetzte Jessie einen Rippenstoß und grinste sie an.

»Und ich erst«, kam es zurück. »Los, auf dem letzten Stück geben wir noch mal richtig Gas und dann schlagen wir uns die Bäuche voll!«

Lachend stapften wir die letzten Meter durch den Schnee und dann standen wir auch schon vor der »Kriegeralpe«, einer urigen Berghütte und Ziel unserer Wanderung.

Inzwischen hatte es sich etwas abgekühlt und vereinzelt verdeckten Wolken die Sonne, also setzten wir uns lieber in die Gaststube. Wir fanden einen schönen Platz in einer Ecke der gemütlich eingerichteten Hütte, und bestellten bei einer freundlichen Kellnerin Käsespätzle und Weißwein. Und weil der Wein so gut schmeckte, gönnten wir uns nach dem Essen jeder noch ein zweites Glas, während wir den vergangenen, lustigen Abend noch einmal Revue passieren ließen.

Wir waren so in unser Gespräch vertieft, dass wir die Kellnerin, die neben uns stand, erst gar nicht bemerkten.

»Sie sollten lieber aufbrechen, das Wetter schlägt um.« Etwas besorgt sah sie uns an. Ich blickte auf und jetzt sah ich es auch. Der Himmel hatte sich verdunkelt und die Tannen bewegten sich im Wind. Obendrein waren wir die letzten Gäste in der Hütte, außer uns schienen alle schon aufgebrochen zu sein.

Nun gut, dann war es wohl wirklich besser, unsere gemütliche Sitzecke zu verlassen und den Rückweg anzutreten. Wir hatten eh geplant, von der Kriegeralpe aus nur die knapp siebenhundert Meter bis zur Petersboden Sesselbahn zu laufen, und dann ganz bequem zurück nach Oberlech zu fahren.

Leicht beschwipst machten wir uns auf den Weg und als es nach fünf Minuten anfing zu schneien, ordneten wir das noch in die Kategorie »romantisch« ein. Weitere zwei Minuten später war das Schneetreiben so dicht, dass wir den Weg vor uns kaum noch sehen konnten. Das war jetzt wirklich ungemütlich, zumal es langsam dunkel wurde. Wir stapften weiter durch den Schnee, Jessie vorneweg, ich hinterher.

Inzwischen konnte man den Weg unter dem hohen Schnee nicht mehr erkennen, aber da wir ja die ganze Zeit das Brummen der Seilbahn gehört hatten, gingen wir davon aus, dass wir in die richtige Richtung liefen …

***

Jetzt hörten und sahen wir also gar nichts mehr und liefen blindlings geradeaus. Wie hatte uns das nur passieren können? Vor einer halben Stunde hatten wir noch gut gelaunt in der gemütlichen Skihütte gesessen und jetzt stakten wir orientierungslos und einer Panik ziemlich nahe durch den immer höher werdenden Schnee.

Plötzlich hörte ich Geräusche vor uns und als ich den Kopf hob, sah ich ein schwaches Licht durch die Dämmerung scheinen. Jessie hatte es offensichtlich auch gesehen, denn sie beschleunigte ihre Schritte und fing an zu rufen. »Hallo, ist da jemand? Hallo, wir brauchen Hilfe!« Ich stimmte sofort in ihr Rufen ein und ein paar Sekunden später kam eine Antwort.

»Ja, ich bin hier! Hier, bei dem Licht!« Eine Taschenlampe wurde geschwenkt und Jessie fing an, Richtung Lichtstrahl zu laufen. Überglücklich stolperte ich hinterher.

Schnell konnte man eine dick vermummte Person erkennen, die neben einem Schneemobil stand und winkte.

»Gott sei Dank, dass wir Sie noch antreffen!« Jessies Stimme überschlug sich fast.

»Wo kommt ihr denn jetzt her? Und vor allen Dingen, wo wollt ihr jetzt noch hin?« Eine tiefe Stimme kam aus dem mehrfach um das Gesicht geschlungenen Schal.

Schnell erzählte ich, wo wir herkamen und dass wir eigentlich zur Petersboden Seilbahn wollten, uns aber augenscheinlich verlaufen hatten.

Der Schal wurde etwas heruntergezogen und jetzt konnte man das Gesicht eines jungen Mannes erkennen.

»So verkehrt seid ihr gar nicht, die Seilbahnstation ist da vorn.« Er deutete in das Schneegestöber.

Jetzt sah ich auch die Umrisse einer Hütte ein paar Meter entfernt und erkannte, dass wir wieder vor der Skihütte »Der Wolf« standen, an der wir schon auf dem Hinweg vorbeigekommen waren.

»Heute fährt aber nix mehr, das könnt ihr vergessen und die Hütten haben auch alle geschlossen.«

Jetzt meldete Jessie sich zu Wort. Sie musste fast gegen den immer stärker werdenden Wind anschreien. »Können Sie uns denn auf Ihrem Schneemobil nicht mit nach unten nehmen? Wir finden den Weg zu Fuß im Dunkeln niemals allein!«

»Viel zu gefährlich«, kam es zurück. »Ich fahre auch nicht mehr nach unten, man kann bei dem Schneetreiben nichts mehr erkennen.« Er machte eine kleine Pause.

»Ehrlich gesagt, Mädels, jetzt allein zu Fuß nach unten zu gehen ist Wahnsinn. Ich glaube nicht, dass ihr ankommen würdet. Ich mache euch jetzt einen Vorschlag und ihr könnt euch überlegen, ob ihr den annehmen wollt.«

Erwartungsvoll sahen wir ihn an.

»Ich bin Daniel. Ich habe eine kleine Sennhütte hier in der Nähe, da fahre ich jetzt hin. Wenn ihr wollt, nehme ich euch mit.«

Da gab es nicht viel zu überlegen. Eine Alternative gab es nicht und wir waren zu zweit. Außerdem wäre es schon ein komischer Zufall, wenn hier im Sturm ausgerechnet ein gefährlicher Mörder auf uns gewartet hätte. Jessie und ich guckten uns nur kurz an und nickten uns zu.

»Das wäre echt super, wenn Sie uns mitnehmen würden. Vielen Dank!« Das Ganze kam mit solcher Inbrunst aus mir heraus, dass der junge Mann sich ein Grinsen nicht verkneifen konnte.

»Okay, dann machen wir das so. Der Schlitten ist eigentlich nur für zwei Personen, aber das kriegen wir schon hin. Ihr quetscht euch ganz nah zusammen und haltet euch gut bei mir fest. Los geht's!«

Er startete den Motor, setzte sich ganz nach vorn auf die Sitzbank, ich stieg hinter ihm auf und dann kam Jessie. Sie legte die Arme ganz fest um meinen Oberkörper und ich krallte mich so gut es ging an der Jacke unseres Retters fest.

Langsam tuckerten wir durch das Schneetreiben. Ich hatte jede Orientierung verloren, aber unser Fahrer schien genau zu wissen, wo er hinmusste und steuerte den Schlitten sicher durch die Dunkelheit. Nach etwa zehn Minuten hielt er an. »Wir sind da, ihr könnt absteigen.«

Völlig durchgefroren kletterten wir steifbeinig von dem Gefährt. Schemenhaft konnte ich eine kleine Hütte durch die Schneeflocken erkennen. Daniel schob das Schneemobil unter einen Unterstand neben der Hütte und schloss dann die Tür auf. »Kommt rein, hier draußen erfrieren wir sonst noch.«

Wir folgten ihm durch die Tür und als er einen Lichtschalter betätigte, wurde der Raum in warmes Licht getaucht.

Wow! So stellte ich mir eine Hütte in den Bergen vor!

Die Wände waren mit Holz verkleidet und dicke Balken zogen sich durch die Decke. Ein großes dunkelbraunes Sofa und ein niedriger Tisch standen vor einem Kamin, der in eine gemauerte Wand eingelassen war. Auf dem Boden lag ein großes, kuscheliges Fell und der ganze Raum duftete nach Holz.

An der hinteren Wand gab es eine kleine Küchenzeile und zwei Türen führten offensichtlich in weitere Räume. Durch die große Glasfront an der kurzen Seite des Raumes konnte man außer ein paar schemenhaft tanzenden Schneeflocken nichts erkennen, so finster war es draußen.

Auch Jessie war beeindruckt, das konnte man sehen. Allerdings zitterte sie inzwischen vor Kälte und hatte ganz blaue Lippen.

Daniel hatte es auch bemerkt. Er deutete mit dem Finger auf eine Tür. »Da ist das Bad, wärmt euch erst mal auf, ich suche euch ein paar trockene Sachen zusammen.«

***

Das Bad war genauso einladend wie der Wohnraum. Viel Holz und Stein, eine große Dusche und ein flauschiger Badteppich. Alles sah total schön aus. Wir schälten uns aus unseren nassen Klamotten, hängten alles irgendwie über den Heizkörper und Jessie stellte die Dusche an. Sie sprang unter den warmen Strahl und ich setzte mich in meiner Unterwäsche einfach auf den Toilettendeckel und wartete. Dann klopfte es an der Tür und Daniel reichte mir durch einen kleinen Spalt einen Stapel Kleidung herein.

»Was Besseres habe ich nicht hier, aber es wird schon gehen.«

»Ja klar, vielen Dank!« Dankbar lächelte ich ihn an und er schloss die Tür wieder.

Ich sah den Kleiderstapel einmal durch und sortierte ein bisschen nach Größe, da Jessie etwas kleiner war als ich. Die schwarze Pyjamahose und das rot karierte, dicke Flanellhemd für sie, und die dunkelgraue Jogginghose und ein blaues Sweatshirt für mich. Außerdem waren noch für jeden ein Paar kuschelige Socken dabei. Perfekt!

Jessie kam aus der Dusche und ich zeigte auf ihren Stapel. »Das ist für dich.«

»Okay, super. Aber meine olle Unterwäsche zieh ich da jetzt nicht mehr drunter, das muss auch so gehen.«

Während sie sich abtrocknete und anzog, stellte ich mich unter den heißen Wasserstrahl und nur ein paar Minuten später stand ich in Jogginghose und Sweatshirt neben ihr. Wir grinsten uns an. »Wir haben so ein Glück gehabt, Miri!« Jessie drückte mich einmal an sich und dann verließen wir gemeinsam das Bad.

***

Daniel stand vor der Küchenzeile. Er hatte sich ebenfalls bequeme Sachen angezogen und war mit irgendwas beschäftigt. Im Kamin prasselte ein Feuer und im Hintergrund klang leise Musik.

»Setzt euch doch, ich komme sofort zu euch.«

Jessie und ich sahen uns an. Wir nickten uns zu und statt uns hinzusetzen, gingen wir erst mal zu unserem Retter.

»Wir sind Jessica und Miriam«, fing ich an, »also eigentlich lieber Jessie und Miri. Und wir wollen dir danken. Ohne dich hätten wir echt nicht weitergewusst.« Ich umarmte den sichtlich überraschten Daniel und drückte ihn ganz fest an mich und dann tat Jessie das Gleiche.

Er grinste erfreut. »Ist schon gut, ist doch klar, dass ich euch nicht einfach da stehengelassen hätte. Jetzt helft mir mal beim Tragen, ihr habt doch bestimmt Hunger.«

Er hatte frisches Brot aufgeschnitten und ein Holzbrett mit Käse und Schinken vorbereitet. Eine geöffnete Flasche Rotwein und drei Gläser standen auch schon bereit. Zusammen trugen wir alles zu dem kleinen Tisch, Daniel und Jessie setzten sich auf das Sofa und ich ließ mich einfach im Schneidersitz auf dem Boden nieder.

Jetzt konnte ich mir unseren Gastgeber auch zum ersten Mal richtig ansehen. Daniel sah echt gut aus. Mit seinen dunklen vollen Haaren und seiner sportlichen Figur erinnerte er mich an den Schauspieler Chris Pine und da hatte ich wahrlich schon unattraktivere Typen gesehen. Insgeheim war ich ziemlich froh, dass wir nicht an irgendeinen alten Alm-Öhi geraten waren. Das wäre zwar sicherlich besser gewesen, als allein draußen im Schneesturm zu stehen, aber natürlich trotzdem lange nicht so gut, wie wir es jetzt getroffen hatten.

Während der Wind um die Hütte pfiff, aßen und tranken wir und es war einfach nur saugemütlich. Daniel erzählte, dass er eigentlich als Skilehrer arbeitete, sich aber am Anfang der Saison verletzt hatte und deshalb nicht fahren durfte. Aus diesem Grund hatten wir ihn auch am »Wolf« getroffen, er arbeitete in dieser Saison dort. Wir erzählten noch mal ausführlich, wie wir in unsere missliche Situation geraten waren und jetzt konnten wir sogar ein bisschen darüber lachen. Während der ganzen Zeit ließ er seine Blicke zwischen uns hin und her schweifen und es war nicht zu übersehen, dass ihm die ganze Situation ziemlich gut gefiel. Als der Rotwein geleert war, stand Daniel auf, um eine neue Flasche zu holen.

Jessie zwinkerte mir vom Sofa aus verschwörerisch zu und leckte sich über die Lippen. Alles klar, sie fand ihn auch ziemlich heiß. Ich zwinkerte zurück und dann war er auch schon wieder da und füllte unsere Gläser erneut. Wir stießen noch einmal an und als ich sah, wie tief Jessie ihm dabei in die Augen blickte, machte ich es genauso. Er sollte schließlich nicht denken, dass er nur ihr gefiel …

Danach sagte erst mal keiner mehr etwas und für einen Moment konnte man nur das Pfeifen des Windes und das Knistern des Kaminfeuers hören. Dann zog sich Jessie, die sich in eine Sofaecke gekuschelt hatte, ihre dicken Socken von den Füßen und schob langsam einen Fuß in Daniels Richtung. Sie berührte sein Bein und er blickte auf, nicht überrascht, sondern eher erfreut. Ohne zu zögern, umfasste er den Fuß mit einer Hand und blickte Jessie fragend an. Ich stand auf, ging zum Sofa und setzte mich auf die Armlehne neben ihn.

»Rück doch mal ein Stück zur Seite, damit ich auch aufs Sofa kann«, flüsterte ich in sein Ohr. Es gab keinen Plan - den gab es nie - aber ich war mir sicher, dass dies hier noch ein richtig guter Abend werden würde.

Während Daniel Platz für mich machte, sah er abwechselnd zu Jessie und mir. »Ihr müsst das nicht machen, Mädels«, sagte er, »ihr könnt auch ohne das hier übernachten.«

»Wir wollen das aber machen«, gab ich zurück, umfasste sein Gesicht mit meinen Händen und begann ihn zu küssen. Er ging sofort darauf ein und aus dem Augenwinkel sah ich, wie Jessie näher an uns heranrückte und ihren Fuß zwischen seine Beine schob. Er stöhnte auf, offensichtlich hatte sie die richtige Stelle sofort gefunden. Jetzt umfasste er meine Taille und zog mich näher zu sich. Seine Hand glitt unter das Sweatshirt und legte sich um eine Brust. Falls er überrascht war, dass ich keinen BH trug, ließ er es sich nicht anmerken. Mit seinen Fingern umfasste er den Nippel und begann vorsichtig zu kneten. Jetzt musste ich stöhnen und ich fühlte, wie mir ein heißer Strahl der Erregung durch die Pussy schoss. Wir knutschten noch ein bisschen, dann ließ ich meine Hand zu seiner Hose wandern. Ich schob Jessies Fuß etwas zur Seite und tastete mich langsam hinein. Sein Schwanz stand bereits hart nach oben und drängte sich mir entgegen. »Ja, fass mich an«, stöhnte er, und den Gefallen tat ich ihm gern. Dick und heiß lag seine Latte in meiner Hand und vorsichtig schob ich die Vorhaut über die Eichel.

Wir knutschten und fummelten weiter, doch als Jessie ihre Sofaecke verließ und näher heranrückte, lösten wir uns wieder voneinander. Sie kniete jetzt neben Daniel auf dem Sofa und begann dann ganz langsam und lasziv, Knopf für Knopf ihres Holzfällerhemdes zu öffnen. Dann ließ sie es von ihren Schultern gleiten und präsentierte uns ihre schönen Brüste. Klein, rund und mit spitzen Nippeln – Daniel war sichtlich begeistert und auch ich freute mich schon darauf, sie zu berühren. Es war schließlich nicht das erste Mal, dass Jessie und ich uns zusammen mit einem Mann vergnügten, und wir hatten immer genauso viel Spaß miteinander wie mit dem männlichen Part unseres Trios.

Jetzt begann sie, langsam die Pyjamahose von ihren Hüften zu ziehen, und als sie sich einfach auf den Rücken fallen ließ, um die Hose über ihre Knöchel zu streifen, gewährte sie uns auch gleich noch ganz ungehemmt einen Blick auf ihre glattrasierte Pussy.

»Wow, Mädels, ihr seid echt heiß!« Mit einer schnellen Bewegung hatte Daniel sich sein Sweatshirt über den Kopf gezogen. Ich drückte mich von hinten an ihn und legte meine Arme um seinen muskulösen Oberkörper. »Du aber auch.«

Meine Finger umfassten seine Brustwarzen und ich fing an, zu spielen. Er stöhnte auf, bewegte sich aber nicht, sondern starrte fasziniert zu Jessie. Die setzte sich jetzt wieder auf und krabbelte auf allen vieren auf ihn zu. Sie zog die Kordel seiner Jogginghose auf und schob die Hose dann zusammen mit seinen Boxershorts ein Stück nach unten. Sein aufgerichteter Schwanz sprang ihr entgegen. Lächelnd sah sie zu ihm hoch. »So mag ich es! Schon bereit …«

Sie beugte sich vor und küsste die glänzende Eichel. »Wie wär's, wenn ihr euch auch mal von den störenden Klamotten befreit?«

Daniel reagierte sofort und innerhalb von ein paar Sekunden stand er nackt vor uns. Kein schlechter Anblick, man sah ihm an, dass er viel Sport machte. Und dass sein Schwanz so erwartungsvoll nach vorn stand, sah ziemlich geil aus.

Schnell befreite ich mich ebenfalls von meinen Sachen und er ließ seine Blicke zwischen uns hin und her gleiten.

Jessie und ich sind ein ganz ähnlicher Typ. Wir machen viel Sport zusammen und haben beide eine schlanke Figur. Jessie hat einen wirklich traumhaften runden Po, dafür sind meine Brüste etwas größer und zusammen haben wir eigentlich alles, womit man einen Mann richtig wild machen kann.

Daniel sah das wohl genauso und versuchte erst gar nicht, seine Geilheit zu verbergen. Ich griff nach seiner Hand, ließ mich zurück auf das Sofa fallen und zog ihn über mich.

Ich liebe diesen Moment, wenn nackte Haut sich das erste Mal berührt, und ich finde es auch total geil, wenn es gleich zur Sache geht. Ich griff nach seinem Schwanz und führte ihn zu meiner Pussy. Er keuchte laut auf. »Langsam, langsam, sonst ist gleich schon alles vorbei.«

»Ach was, nur zwei, drei Stöße. Das geht schon«, schnurrte ich unter ihm und als seine Eichel meinen Eingang berührte, stieß er auch sofort zu. Er drückte sich langsam in mich hinein und ich kostete das geile Gefühl der ersten Berührung voll aus. Es erregte mich total, zu spüren, wie er mich öffnete und nach ein paar Stößen hatte er seinen Schwanz komplett in mir versenkt. Doch dann stemmte ich meine Hände gegen seine Brust und drängte ihn wieder zurück. Stöhnend zog er seinen Schwanz aus meiner Pussy. »Wow, du hast es ja echt drauf, einen Mann scharfzumachen! Mach das nicht zu oft mit mir, beim nächsten Mal könnte das schiefgehen.«

Jessie legte ihren Arm von der Seite um seine Schulter und grinste ihn an. »Das macht sie immer so, aber ab jetzt passe ich auf. Ich möchte ja schließlich auch noch was von dir haben!« Mit diesen Worten zog sie ihn Richtung Kamin und zusammen ließen sie sich auf dem großen, weichen Fell nieder. Daniel zog Jessie auf sich und sie fingen an, wild herumzuknutschen. Seine Hände griffen erst in ihre vollen Haare und wanderten dann abwärts bis zu ihren runden Pobacken.

Vom Sofa aus konnte ich genau zwischen ihre Beine gucken und es sah unglaublich heiß aus, wie Jessie ihre feucht glänzende Pussy an Daniels dickem Schwanz rieb. Dann begann sie langsam nach unten zu rutschen. Sie bedeckte seine Brust, seinen Bauch, seine Leisten und schließlich seine Eichel mit Küssen und als sie sich auf alle viere stellte und mit einer Hand seinen Schwanz aufrichtete, stand ich auf.

Jessie ließ die dicke Latte gerade in ihren Mund gleiten, als ich mich über Daniels Gesicht beugte. Unsere Lippen trafen sich und als ich mit meinen Nippeln über seine Brust streifte, griff er sofort zu. Er umfasste beide Brüste, drückte erst vorsichtig und fing dann an, fester zuzugreifen. Dass ich gleichzeitig hören konnte, wie Jessie leise stöhnte, während sie seinen Schwanz blies, machte mich unglaublich an. Meine Klit pochte jetzt wie verrückt und wollte unbedingt auch verwöhnt werden. Ich schob meinen Hintern in Jessies Richtung und wackelte ein bisschen damit und wie ich erwartet hatte, reagierte sie sofort. Ich fühlte ihre Hand, die erst an meinen Pobacken entlang streichelte und sich dann einen Weg zwischen meine Beine suchte. Zwei Finger glitten mühelos in das nasse Loch und der dritte lag sofort auf meinem pochenden Kitzler.

Ich konnte mich kaum noch auf Daniel konzentrieren, so geil und geschickt befummelte sie mich jetzt. Die beiden Finger wurden zärtlich vor- und zurückgeschoben und gleichzeitig rieb sie meine Lustperle mit sanftem Druck. Ich fühlte, wie mir der Saft die Oberschenkel entlanglief, und konnte mir kaum vorstellen, wie sie es gleichzeitig auch noch schaffte, den stöhnenden Daniel so hingebungsvoll mit dem Mund zu bedienen.

Kurz bevor es mir kam, zog ich mich zurück und dann schnappte Daniel hörbar nach Luft. »Stopp, Jessie, nicht! Sonst muss ich spritzen!« Sie hob den Kopf und alle drei sahen wir uns schwer atmend an. Was für eine geile Situation hier in dieser gemütlichen Hütte vor dem prasselnden Kamin, während draußen der Wind heulte!

Ich nickte Jessie zu. »Komm, leg dich hin, jetzt bist du mal dran.« Sofort kam sie zu uns und legte sich zwischen uns auf das Fell. Unter Daniels erstaunten Blicken begann ich sie zärtlich zu küssen und wanderte mit meiner Hand zwischen ihre Beine. »Oh, das fühlt sich aber sehr vernachlässigt an«, flüsterte ich in ihr Ohr und dann ließ ich mich nach unten gleiten, bedeckte ihren schönen Körper dabei mit Küssen und legte mich dann zwischen ihre gespreizten Schenkel. Sanft teilte ich mit meiner Zunge ihre Schamlippen und leckte dann den Spalt entlang, von ihrem Kitzler bis zu ihrem nassen Loch und wieder zurück. Ich ließ mir Zeit, reizte sie immer wieder mit harten schnellen Bewegungen, um danach ganz langsam und vorsichtig weiter zu lecken. Als ich aufblickte, sah ich, dass Daniel zwar fasziniert zuschaute, aber nicht so recht zu wissen schien, was er jetzt tun sollte.

»Komm, du kannst mich dabei von hinten ficken.« Ich streckte meinen Arsch nach oben und sah ihn auffordernd an. Sofort rutschte er auf Knien hinter mich und umfasste meine Pobacken. Ich fühlte seinen harten Prengel, der den Eingang suchte und als ich mich wieder herunterbeugte, um mich mit Jessie zu beschäftigen, hatte er ihn gefunden und drang mit einem kleinen Ruck in mich ein.

Er fickte langsam und hingebungsvoll und ich bearbeitete Jessies Kitzler im gleichen Rhythmus mit meiner Zunge. Leises Stöhnen erfüllte den Raum und ich glaube, wenn wir das Tempo auch nur um einen winzigen Takt erhöht hätten, wäre es uns allen dreien sofort gekommen. So konnte ich mich dem Gefühlsrausch, in dem ich mich befand, vollkommen hingeben und den anderen beiden schien es genauso zu gehen.

Daniel war der erste, der es nicht mehr aushielt und er zog sich aus mir zurück. »Jessie, Miri, ich kann mich kaum noch zurückhalten. Was soll ich machen?«

Ich sah Jessie an und sie lächelte mich verführerisch und gleichzeitig herausfordernd an. »Ich kümmere mich um Jessie«, sagte ich über die Schulter zu Daniel, »und danach fickst du mich richtig durch, okay?«

»Ja, okay, das hört sich ziemlich gut an.«

Ich beugte mich wieder zwischen Jessies Beine. Meinen Hintern streckte ich dabei extra weit raus und spreizte die Beine noch ein Stück weiter auseinander, damit Daniel sich an dem versaut-geilen Anblick richtig aufgeilen konnte. Dann leckte ich mit schnellen Bewegungen über Jessies Kitzler. Sie stöhnte und wand sich unter mir und als ich dann zwei Finger in ihr nasses Loch schob, kam es ihr. Sie schrie laut auf und die Wellen ihres Orgasmus‘ pulsierten an meinen Fingern entlang, während ein Schwall Nässe meine Hand überzog. Ich hörte nicht auf mit meinen Bewegungen, bis sie ruhiger wurde und mich vorsichtig von sich wegschob. »Oh, wie geil, Miri, du bist echt die Beste!« Sie hatte die Augen geschlossen, rekelte sich wohlig auf dem Fell und schien die Nachwirkungen ihres Orgasmus‘ in vollen Zügen zu genießen.

Ich drehte mich zu Daniel um, der mit steifem Schwanz hinter mir kniete. Es bedurfte keiner weiteren Aufforderung, er legte seine Hände um meine Hüften und zog mich näher zu sich. Sein Schwanz drang in mich ein und löste eine Welle der Erregung in meinem ganzen Unterleib aus. Ich stöhnte auf und warf meinen Kopf nach hinten. »Ja, mach‘s mir!«

Nach dem Vorspiel zu dritt brauchte ich jetzt etwas anderes. Ich wollte, dass er mich richtig hart bis zum Orgasmus fickte und ich war mir sicher, dass das nicht sehr lange dauern würde. Daniel schien es genauso zu gehen. Mit kräftigen schnellen Bewegungen stieß er immer wieder zu und bei jedem Stoß klatschten seine Leisten hörbar gegen meine Arschbacken. Meine Pussy schien vor Lust zu glühen. Es fühlte sich unglaublich geil an, wie er mich fickte und als ich mich tiefer bückte, um ihn noch besser aufnehmen zu können, kam es mir. Eine elektrisierende Welle schoss erst durch meinen Kitzler und dann durch meine gesamte Pussy. Mein Unterleib bebte und für ein paar Sekunden vergaß ich alles um mich herum und konnte mich nur noch auf dieses eine, unglaublich geile Gefühl konzentrieren. Immer wieder zog meine Pussy sich zusammen und ich stöhnte laut vor Lust.

Dann hörte ich Daniel. »Ja, Miri, ja, mir kommt's!« Er schob sein Rohr ganz tief in mich und hielt dann plötzlich ganz still. Ich konnte fühlen, wie seine Latte noch ein bisschen mehr anschwoll und dann anfing zu zucken. Daniel schrie auf und begann unvermittelt wieder kräftig zuzustoßen. Unter lautem Stöhnen und Keuchen pumpte er sein Sperma in mich und als es vorbei war, zog er sich schwer atmend zurück.

Ich ließ mich einfach neben Jessie auf das Fell fallen und

glücklich lächelten wir uns an. Daniel kniete zu unseren Füßen und sah ein bisschen mitgenommen aus. »Wow, was war das denn? Eigentlich wollte ich mir einen gemütlichen Abend mit einem Buch vor dem Kamin machen …« Er beugte sich über uns, stützte sich mit seinen kräftigen Armen neben uns ab und küsste zuerst Jessie zärtlich auf den Mund und dann mich. »Aber das hier war ohne Zweifel um Klassen besser.« Er grinste uns an. »Ach was, was sag ich? Etwas Besseres habe ich noch nie erlebt!«

»Ja, wir fanden's auch nicht schlecht …« Ich grinste ihn spitzbübisch an. Dann rückten Jessie und ich ein Stück auseinander und er legte sich zwischen uns. Wir kuschelten uns an ihn und zu dritt lagen wir eine ganze Weile einfach nur still vor dem knisternden Kaminfeuer.

Dann hob Daniel den Kopf. »Moment mal, Mädels, mir fällt da gerade was auf.«

Ohne eine weitere Erklärung stand er auf, ging zu der Glasfront auf der einen Seite der Hütte, öffnete eine Schiebetür und trat nackt, wie er war, hinaus.

Jetzt hatten wir es auch bemerkt. Draußen war es absolut still, der Wind hatte sich gelegt und die verschneite Landschaft wurde von hellem Mondlicht erleuchtet. Wir hörten Daniel draußen mit irgendetwas hantieren, dann ertönte ein leises Rauschen und er kam zurück in die Hütte.

»Ladys, darf ich bitten? Ich habe draußen eine kleine Überraschung für euch vorbereitet.«

Wir schauten uns an. Klar, für eine Überraschung waren wir immer zu haben! Lachend sprangen wir auf und folgten Daniel durch die Tür.

Das gab's doch gar nicht! Wir standen auf einer überdachten Terrasse, in deren einer Ecke ein Whirlpool leise vor sich hin blubberte. Er war von innen sanft beleuchtet und Nebelschwaden stiegen von der Wasseroberfläche auf.

Jessie schrie begeistert auf. »Wie geil ist das denn? Von so was habe ich schon immer geträumt!«

Daniel grinste zufrieden. »Na dann mal rein mit euch, ich komme gleich nach!«

Das ließen wir uns nicht zweimal sagen. Kichernd stapften wir barfuß durch die kleinen Schneeverwehungen auf der Terrasse und kletterten dann in den Pool. Oh, war das herrlich! Das warme Wasser sprudelte um unsere nackten Körper und wir fühlten uns wie im Paradies. Aber mindestens genauso geil war die Aussicht, die sich uns bot. Wie saßen mitten im Winter Wonderland. Die tief verschneite und vom Mond beleuchtete Landschaft um uns herum hätte in keinem Heimatfilm schöner dargestellt werden können!

Jetzt kam Daniel wieder nach draußen, einen Stapel Handtücher unter einen Arm geklemmt und ein Tablett mit unseren Rotweingläsern in den Händen. Die Handtücher landeten auf einem kleinen Beistelltisch und nachdem er uns die Gläser gereicht hatte, kletterte er zu uns in den Whirlpool und setzte sich zwischen uns. Ich hielt sein Glas, damit er seine Arme um uns beide legen konnte und gab ihm immer wieder kleine Schlucke zu trinken. Wir waren uns einig - es gab einfach nichts, was besser sein konnte, als hier zu dritt im Whirlpool zu sitzen, Rotwein zu trinken und in die unglaubliche Landschaft zu schauen.

Irgendwann fing Jessie an, mit ihren Händen an Daniels Körper entlang zu streichen. Durch das gedämpfte Licht konnte man sehen, wie sein Schwanz sich langsam im Wasser aufrichtete. Ich stellte die Rotweingläser auf den Beistelltisch und nahm auch Jessie ihr Glas ab und stellte es zur Seite. Dann drückte ich meine Brüste gegen Daniel. Und spätestens als ich Jessies Flüstern von der anderen Seite hörte, wusste ich, dass diese heiß-kalte Nacht noch lange nicht vorbei war.

»Ich habe heute noch gar nicht gefickt!«